1844年1月9日にベルナデッタが洗礼を受けた洗礼盤

ボリーの水車小屋（ベルナデッタの生家）

ルルド。巡礼に訪れる人々は年間500万人にもおよぶ。

ロザリオ大聖堂

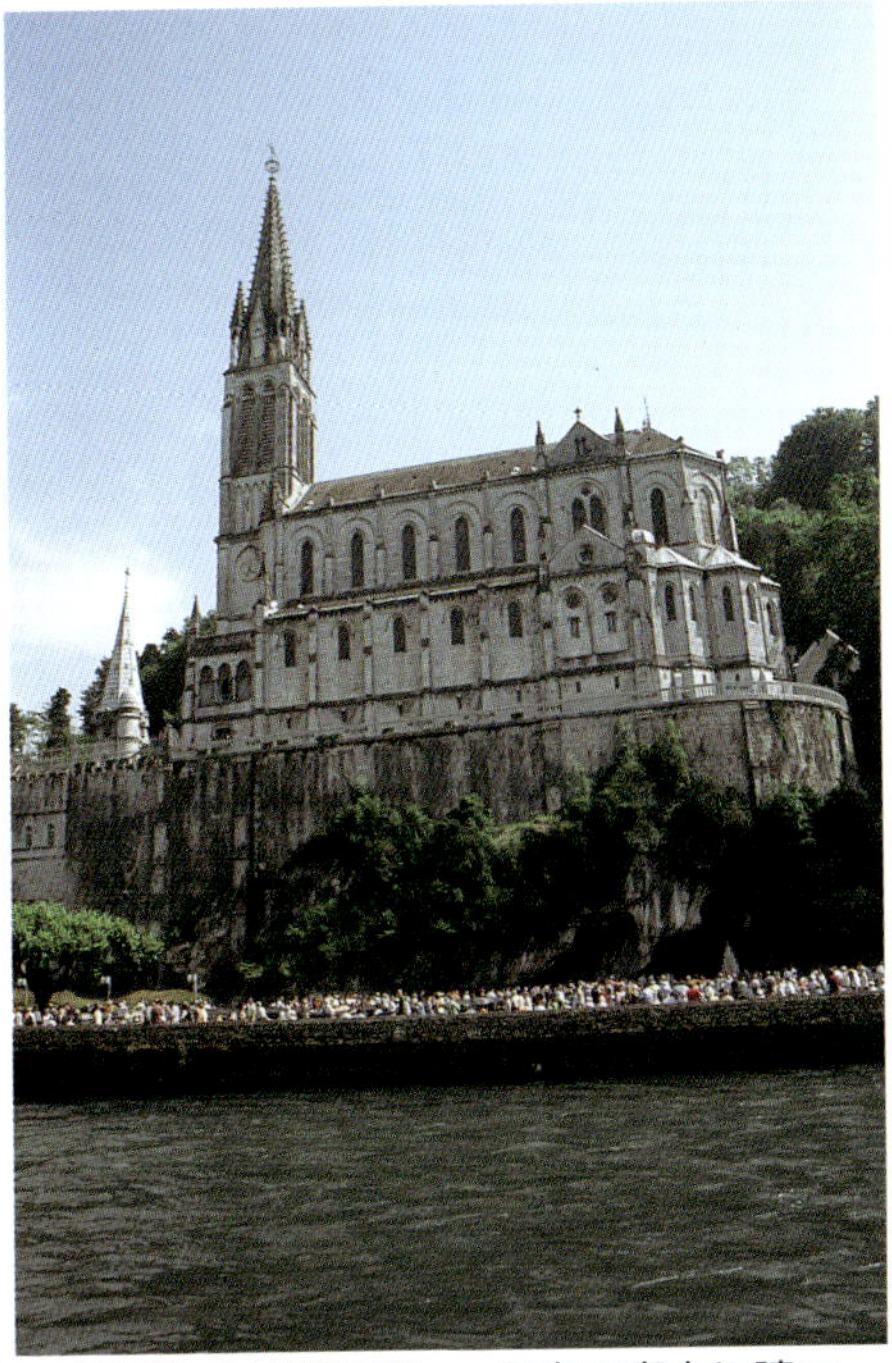

無原罪のおん宿り大聖堂（上部聖堂）。洞窟の真上に建つ。1871年完成。

マッサビエルの洞窟。1858年2月11日、14歳のベルナデッタに聖母マリアがご出現になった。巡礼者は、祈り、泉の水を汲む。

無原罪のおん宿り
大聖堂
水浴場
洞窟
病者のための
十字架の道行
地下聖堂
聖ベルナデッタ教会
ロザリオ大聖堂
ベルナデッタ
祭壇
水栓
聖母
ガブ川

ルルド聖域案内図

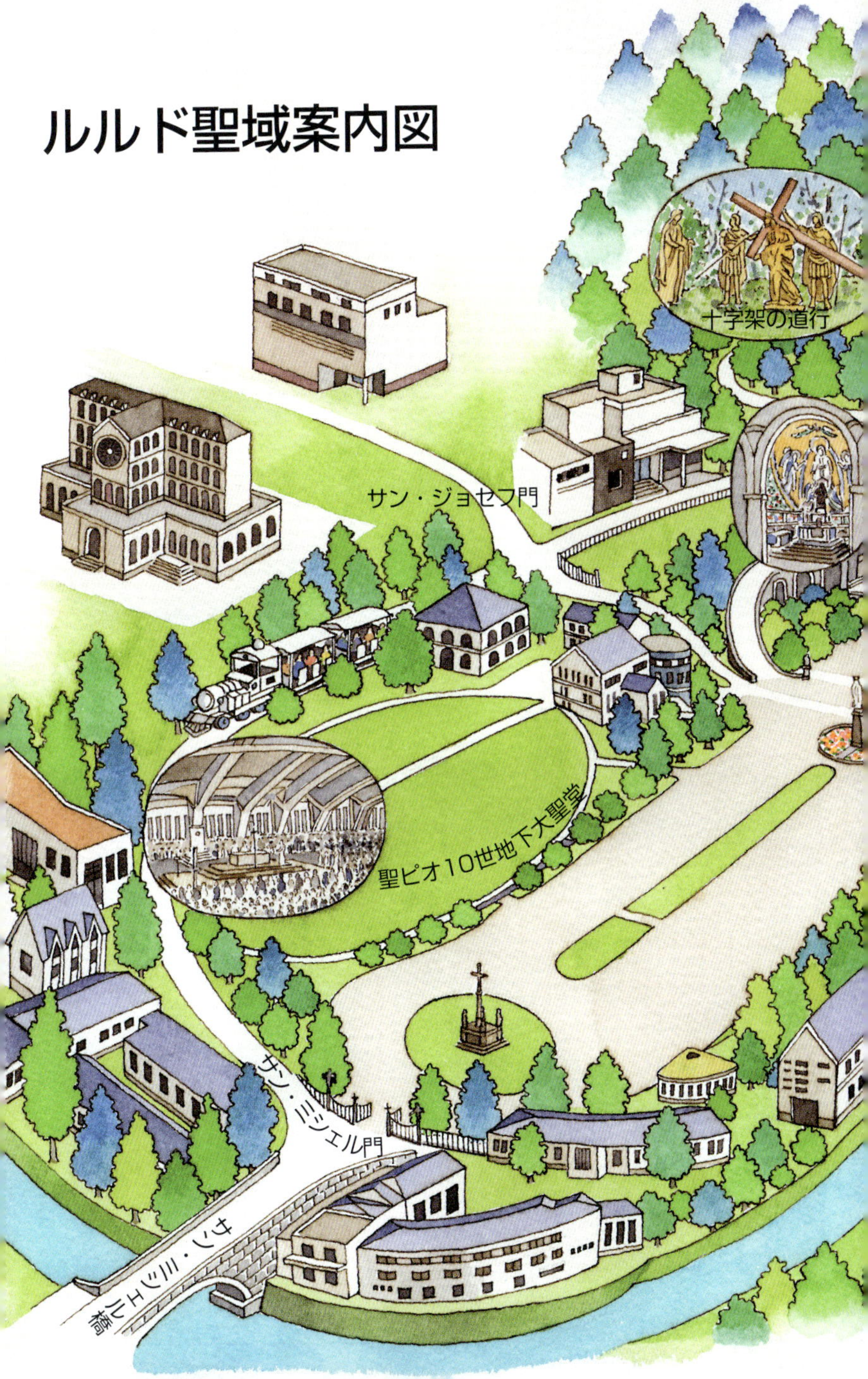

ヌヴェール愛徳修道会本部修道院

サン・ジルダール修道院聖堂

聖十字架病室（本部2階）。ベルナデッタの最後の住まいとなった。

資料室に展示してあるベルナデッタの遺品

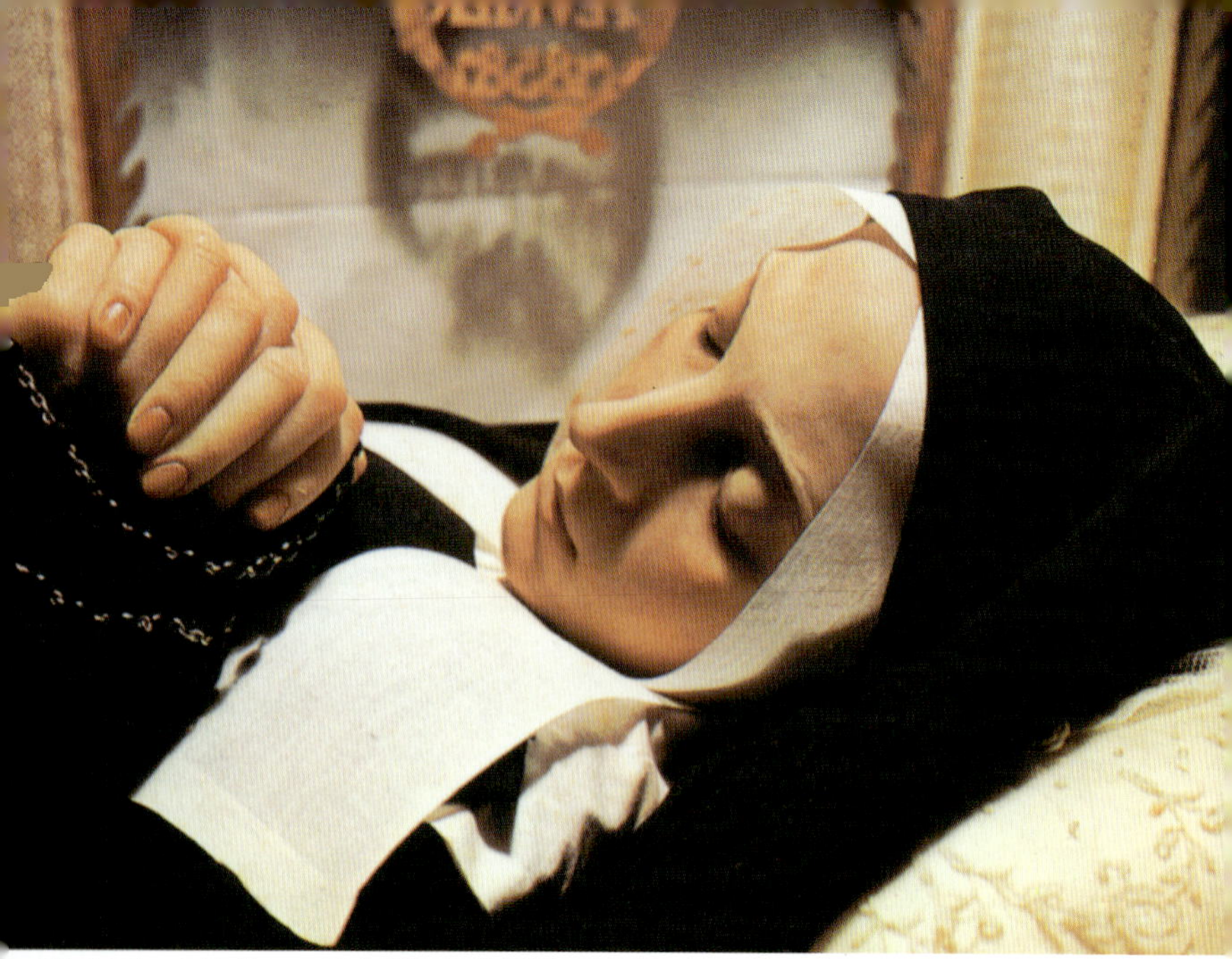

ベルナデッタはサン・ジルダール修道院の聖堂で、生前と変わらぬ姿で眠っている。

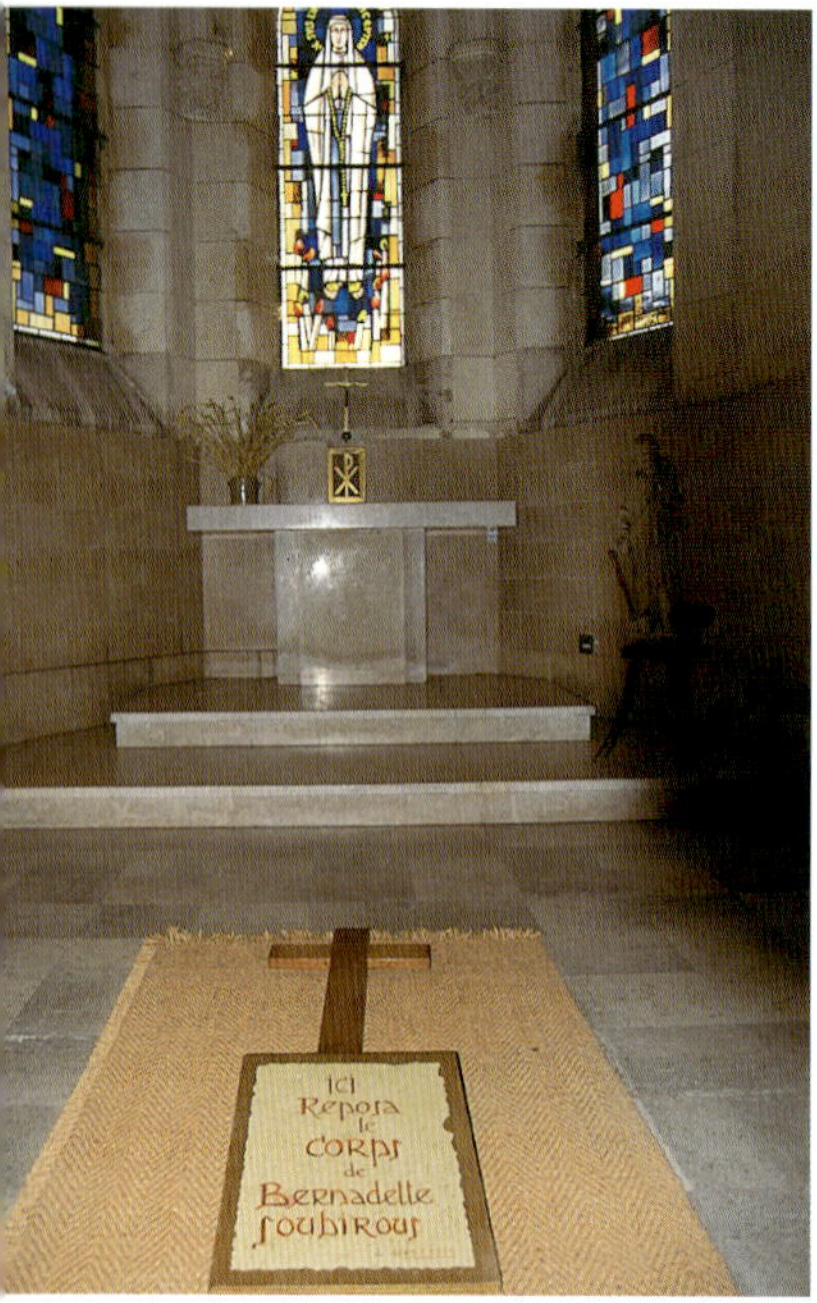

ベルナデッタが死後に安置された
聖ヨセフ小聖堂

ベルナデッタの棺

ベルナデッタ

Original Title:
Vie de Bernadette
by
René Laurentin
Desclée de Brouwer, 1978

改訂にあたって

本書は、聖ベルナデッタの帰天百周年を記念して書かれたルネ・ローランタン著『ベルナデッタの生涯』(Vie de Bernadette, René Laurentin, 1978) を訳出したものです。著者ローランタン師は、二十年間にわたってヌヴェールの資料室にある数多くの古文書を詳細に調査した、ルルドの専門家であり、パリ・カトリック大学の教授兼ジャーナリストとして活躍してきました。

この日本語版の初版は一九七九年の四月十六日に刊行され、その後、五回重版され、多くの方々に親しまれてきました。

今年(二〇〇四年)は、一八五四年(ベルナデッタ十歳のとき)にピオ九世が「聖母マリアの無原罪の宿りの教義」を宣言してちょうど百五十年になります。さらに、昨年の十二月八日に、ベルナデッタは列聖七十周年を迎えました。

そこで、今回、内容は変えずに、読者の皆様にとって読みやすく、かつ理解しやすい本になるよう改訂作業を行いました。訳文を見直し、カラー・モノクロ写真、図版を数多く掲載して視覚でも楽しめるようにしました。

今回の改訂にあたって、こころよく協力してくださったヌヴェール愛徳修道会シスター安藤敬子様と聖母教育文化センターの方々に心から感謝申し上げます。

まえがき

ベルナデッタとは

ルルドで聖母を見たベルナデッタ・スビルーは、一八七九年四月十六日に三十五歳で亡くなった。それはヌヴェールのサン・ジルダールにあるヌヴェール愛徳修道会本部修道院で修道生活を初めてから十三年目のことであり、また一八五八年のご出現から、二十一年目の年であった。洞窟の上方にあるくぼみの中に聖母を見たのは、彼女だけであった。そして貧しく、字も読めず、あまり高く評価もされていなかったこの少女のおかげで、ルルドというところは大きな存在になった。今でも毎年、巡礼者および観光客は五百万人にもおよぶ。

ベルナデッタが亡くなったと聞いた人々は、ヌヴェールの修道院に隠れるためにきた彼女がひつぎの中に納められた姿を見ようとすぐに集まってきた。現在も人々の来訪は絶えない。一九二五年、ベルナデッタは亡くなって五十年も経たないうちに列福されたが、その遺体は無傷のままで掘り起こされ、ガラスばりのひつぎの中に安置された。列福後八年経ってピオ十一世は、一九三三年十二月八日無原罪の聖母の祝日にあたり、彼女を列聖した。もし彼女が生きていたとしたら、八十九歳の年である。

このときから、ベルナデッタの存在はますます大切なものとして評価されるようになった。それは十九世紀の教会の中に、聖霊が起こした新しい聖性のタイプをもっていたからである。その聖性とは、純粋に福音的なものである。

しかしベルナデッタには、聖女として非常に理解しがたいところがあると、ある人々は言う。しかしそのある人々は、ベルナデッタがマリアから受けた秘密のことを考えて言ったのではなく、これといった大きなこともせず、著述もなく、人目につくようなすばらしい業績もない、全く内的な聖性のことを考えていたのである。つまりそれは貧しい者の聖性である。

ベルナデッタの修練長は、すばらしい人格者で、ある意味で聖人だとさえ言われた人であったが、彼女はベルナデッタの聖性の秘密をついに理解することができなかった。この修練長は、ベルナデッタが列聖されることなど聞きたくもなかったのである。

いったい、私たちには、この秘密をつかめるチャンスがあるのであろうか？　それは不可能ではないと思うが、そうするためには、ベルナデッタのように素直にならなければならない。ベルナデッタは言っていた。「ご受難について解説されるときよりも、私はそれを読むときのほうが心を打たれる」と。彼女はまた、ルルドのことについて書こうとする人々に言っていた。「もしお書きになりたいなら、できるだけ単純に書いてください。物事を飾ろうとすると事実を曲げてしまいますから」

自己を分析することも、飾ることもできなかったその生涯は、一つのことを私たちにも勧めている。つまり解説を避けて、ただベルナデッタの行ったこと、その所作や言葉を、文献に従って忠実に伝えることである。これは彼女の聖性の秘密がその透明さにあることを表すための一番良い方法であろう。

ベルナデッタの一生は、福音の次の言葉を立派に証明するものだと思う。

「父よ、あなたをほめたたえます。これらのことを知恵ある者や賢い者には隠して、幼子《おさなご》のような者にお示しになりました」

貧しい者の聖性

貧しい人々の聖性、知者や学者に隠されたこの光は、小さい者ベルナデッタの光である。早くから、ある人々はこれを見分けることができた。アントワネット・タルディヴァイユという若い女性は、カルメル会に入りたいが健康が許さないため待っていた。彼女はスビルー家がルルドの村であまり評判のよくないことを知っていながらも、ご出現のときから、これを見抜いていた。彼女はある手紙の中で次のように書いている。

「彼女の両親は非常に貧しく、地上のわが主のように貧しい者でした。しかしマリアが目を留めたのは、お金持ちの若い女性ではなく、この少女でした。ルルドのお金持ちの若い女性たちは、もしご出現の事実がなかったら、ベルナデッタに軽蔑の目しか向けなかったでしょう。しかし今はむしろ、うらやましくさえ思い、彼女を抱擁したりその手に触れるだけでも誇りに思っています」

四年経った一八六二年、ルルドの司教はまだこの手紙を見ていなかったが、ご出現が本物であったと発表する司教教書の中で、同じような結論にいたっている。

「全能の神は、私たちにそのあわれみのご計画を伝えるために、どのような者をお選びになったか。それは世の中の最も弱い者であり、貧しい家に生まれた十四歳の少女であった」。そしてベルナデッタ自身、修道生活への召命を意識し始めたとき、聖母に向けられた祈りの中で、同じようなことを言っている。「愛する母よ、あなたを見るその幸福が私に与えられていたとき、どんなに幸せだったことでしょう。あなたは一人の弱い子どもに現れるために、地上にまでおくだりになられました。あなたは世の中の最も弱い者をお使いになってくださったのです」

ベルナデッタの祈りを受け入れてくださったマリアは、おそらく喜ばれたに違いない。マリアご自身も言われたのであった。

わたしは神をあがめ、
わたしの心は神の救いに喜びおどる。
神は卑しい　はしためを顧みられ、
いつの代の人も　わたしを　しあわせな者と呼ぶ。
神は　わたしに偉大なわざを行なわれた。（ルカ1・46）

目次

II　ヌヴェールにて　一八六六年七月七日〜一八七九年四月十六日

I
ルルド
1844年～1866年

父　フランソワ・スビルー

母　ルイーズ・スビルー

ボリーの水車小屋（ベルナデッタの生家）

1　ベルナデッタの子ども時代

——一八四四年～一八五八年

ルルドという小さな村には、一方に岩山があり、その上に城がそびえている。もう一方には、牧草地と森との間をぬって、なだらかに上っていく坂道がある。ラパカという小さな川が流れ、その川の水を利用した水車小屋が五つあった。その中のボリーという水車小屋で、一八四四年一月七日、ベルナデッタは生まれた。

両親の結婚

子どもが生まれて小屋の中は喜びにあふれていた。ここで両親の恋愛と結婚について少し述べておこう。

一八四一年七月一日、ボリーの水車小屋で粉をひいていたジュスタン・カステローが、馬車の事故で亡くなった。夫を亡くしたクレール・カステロー夫人は、小麦粉で白くなっている遺体の前で将来のことを考えた。残された子どもが六人。女の子四人と、それより年下の男の子が二人。亡くなった夫が水車小屋の所有者だと思っていたのに、実はそうではなかったため、水車小屋の動きは止まってしまった。カステロー夫人の頭の中は、毎年払わなければならない家賃のことでいっぱいになった。水車小屋を動かすためには、早く長女を結婚させなければならず、そのためには同じ職業の者を選ばなければならない。

カステロー夫人は、近くの水車小屋で働いていた三十四歳で独身の、フランソワ・スビルーに話を持ちかけた。彼は乗り気で、喜んでボリーの水車小屋へやって来て笑顔で手伝ってくれた。しかし、結婚の話となると、なぜかなかなか進まない。フランソワはいったい何を考えているのだろうと不審に思っていると、だんだんとその理由がわかってきた。つまりフランソワは、長女のベルナルドではなく、青い目でブロンドの次女ルイーズに引かれていたのである。

次女を先に結婚させることにしたカステロー夫人は、次女のほうが長女より家事ができるから結婚するのだと水車小屋の人々に説明した。これは彼らが感情を考えに入れることが苦手なのを考慮しての説明である。しかし、本当は姉のベルナルドは支配的な性質をもち、家事がよくできた。しかもルイーズのほうはまだ十七歳であまりにも若い。また、長女の前に次女を結婚させるのも好ましくないと思われた。フランソワはこの事情をよくわかっていながらも、何も言わずに笑顔をつくり、そのまま黙っていた。しかし結論を出さなくてはならなくなったとき、フランソワは「次女でなければカステロー家の娘とは結婚しない」と言った。

誕生

結婚式は一八四三年一月九日で、ベルナデッタが生まれたのはその翌年の一月七日であった。翌日、父・フランソワは誇らかに、しかし不器用な腕の中に赤ん坊を抱えて役場へ連れていった。次の日は赤ん坊の洗礼式。ちょうど一月九日で、両親の結婚一周年記念日でもあった。ベルナデッタが洗礼を受けた洗礼盤は、今でもルルドの子どもたちが洗礼を受けている、石でできた洗礼盤である。洗礼のときベルナデッタは泣いた。「あなたは、この世では幸せではない」という聖母マリアからの不思議な言葉を予感したからであろうか。もう一つ、ベルナデッタの苦しみの生涯のシンボルは、水車小屋の中で、小麦が砕かれている音であった。彼女は死ぬ間際に「私は、一粒の麦のように、砕かれています」と言ったのである。

一八四四年一月九日のお祝いには、たいしたごちそうは出なかった。大きなかごいっぱいのドーナツと、二、三リットルのぶどう酒が用意されただけであった。

跡取り

ベルナデッタの子守をする女性は五人いた。ベルナデッタの祖母クレールをはじめ、最も若い叔母のルシル（四歳）までである。その中で一番権威をもっているのは、跡取りのベルナルドであった。つまりビゴール地方のしきたりでは、長男であれ長女であれ、第一子は跡取りと呼ばれ、その意見は他の子どもよりもずっと大切にされるのである。ベルナデッタも跡取りとして生まれたので、最後まで家族の者に対する責任を常に感じていたであろう。

小さいときにベルナデッタが受けた愛情は、生涯にわたり、聖人に必要な力となる恵みの一つであった。ベルナデッタの母ルイーズは優しく、忍耐強かった。自分が姉より先に結婚して幸せになったことが申し訳ないというように、自分の子どもを他人に預けることも苦にしなかったようである。ベルナデッタの伯母のベルナルドは「ベルナデッタは私を母親と同じくらい好きだ」といつも言っていた。しかしベルナデッタが一番引かれていた人は、いつも満足そうな顔をして黙ってベルナデッタを見つめる父親であった。新しい跡取りベルナデッタにとって、幼いときから強く焼きついている父のイメージは、小麦粉で白く染まったベレー帽、そして優しい目であったろう。これらを見るとき、彼女はとても安心し、後でどんなに心をゆるがせるようなことがあっても、強く立つことができたのである。このように周りの人々に愛されていたベルナデッタは（これは誘惑のもととなったかもしれないが）、一日の仕事を終えた人々が、武骨な声で毎晩力強く唱える「天におられるわたしたちの父よ」を聞いて家庭の幸せ以外にも目を向けるべきところがあるのだと幼いころから考えていたことであろう。そのようなとき、水車の回る音とともに、夜のしじまの中に聞こえてくるのは小川のせせらぎであった。

ベルナデッタはスビルーという名前が「主」の意味だとは知らなかったであろう。しかし、自然に近い生活の単純さの中で、神の存在を直に感じ、謙遜とともに心の誇りを幼いときから悟ることができたのではあるまいか。これはベルナデッタの一生を通じてのことであった。

バルトレス

ベルナデッタが生まれて一年も経たないうちに不幸が訪れた。一八四四年十一月のある晩、再び妊娠していた母が、暖炉のそばに座っていると、壁に掛けてあったランプが落ちて服に燃え移り、胸にひどいやけどをしてしまったのである。母はベルナデッタに乳を飲ませることができなくなってしまったので、伯母のベルナルドは乳母を探さねばならなかった。そのとき、生まれたばかりの男の子を亡くしたマリー・ラギューという女性が、水車小屋の上の山のほうのバルトレスという村に住んでいた。彼女は喜んでベルナデッタを引き受け、一カ月五フランで養ってくれることになった。赤ん坊をなれさせるために伯母のベルナルドは一週間だけ一緒にバルトレスに滞在したが、頻繁にベルナデッタを見に来るのは、父のフランソワであった。父はいろいろな口実を設けては、バルトレスまで四キロの坂道を上って来た。例えば小麦粉を取りに行くとか、できた小麦粉を届けるとか、あるいは注文を取りに行くなどという具合に。父は、もう少ししたら赤ん坊を引き取ろうと考えていたが、マリー・ラギューはなかなか手放したがらなかった。すっかり子どもに愛着が湧いてしまって、もう空っぽの揺りかごなど見たくはないのである。しかしボリーの水車小屋にある揺りかごも、空っぽなのであった。

一八四五年二月十三日、ジャン・スビルーが生まれたが、四月十日に亡くなった。そして同じ年の十二月からベルナデッタは乳離れした。マリー・ラギューは無料でもいいからこの赤ちゃんを育てたいと強く言ったが、自分自身が間違いなく再び妊娠したことがわかったので、やっと一八四六年四月一日にベルナデッタを返した。子どもを引き取りに来た母は、お礼としてハンカチを一枚渡した。ベルナデッタは二歳四カ月になり、春とともに水車小屋と小川のせせらぎの中で遊び始めた。しかしどこへでも足を運ぼうとするこの子には、少し危険なところもあった。

ボリーの幸、不幸

一八四八年には、スビルー家とカステロー家は分かれてしまった。伯母のベルナルドがタルベスという青年と関係をもち、青年の親が結婚を許す前に母となってしまったからである。母方の祖母が、まだ結婚していない子どもたちを連れて水車小屋を離れていった。ボリーで、父と母は新婚の若い夫婦のように、やっと自分たちだけになって驚いたようである。人の目や、注意や忠告がなくなって生活が楽しくなったように思われた。しかしベルナデッタもおそらく気づいたであろう、もう一つの出来事が起こったのである。

ある日、水車小屋の挽き臼があまりに滑らかになってしまったので、父は金槌で修理をしていた。すると突然叫び声が聞こえて、音が止んだ。父は、顔を手で覆ってやって来た。左目を石の破片で傷つけてしまったのである。その目はついに視力を失ってしまい、このときから父はそれを隠すために、いつもその目を動かしていたようである。

スビルー家の苦難

スビルー家にはヨブの物語が始まったのであろうか。水車小屋にはお金が足りなくなっていった。なぜか。両親は一生懸命に働いたし、同業者間の激しい競争にもかかわらず、結構お客も来ていた。しかし、こういう難しいときに、スビルー夫妻のような心の優しい人たちには、なかなかうまい経営ができないようであった。彼らは施しを求めて来る人を追い返せなかった（例えば、スビルー家にいつも施しを求めて来た人の中に、ミシェル・ガリコイッツがいた。のちに福者となった）。また代金を払えない人にはあわれみの心から後払いの仕事を引き受けてしまい、「お金ができたときで結構ですよ」と母は言っていた。その上、麦を持ってくる人、小麦粉を引き取りに来る人にいちいちお茶を出してもてなし、ぶどう酒やチーズ、時にはドーナツなどを出していた。ベルナデッタが洗礼を受けた日と同じように……。

母はドーナツを作るのが上手で、油も小麦粉もたくさんあるので、そうケチケチする必要はないと考えていたようである。だから水車小屋はとても楽しい雰囲気であったが、お金は一向に入ってこなかった。またこのような雰囲気のところには、まじめなお客は来ず、払いの悪いお客ばかりが集まり、月末はいつも苦しかった。

　ベルナデッタが十歳になった一八五四年、教皇ピオ九世は聖母の無原罪を信ずるべき教義として宣言した。同じ年、スビルー家は引っ越しをしなければならなくなり、ベルナデッタは幼いころの楽しかった水車小屋生活に別れを告げた。

　スビルー家の家具は他人の家に運ばれ、父は日雇いの仕事を探して毎日出歩いていた。ベルナデッタの後に三人の弟妹が生まれたので、父は六人の家族のために働かねばならなかったのである。ベルナデッタの弟妹は、一八四六年生まれのトワネット、一八五一年生まれのジャン・マリー、一八五五年生まれのジュスタンである。父は水車小屋の経営者から労務者となり、一日働いて平均の給料が一・二〇フラン。馬やロバを借りると、一・五五フランかかる。人間の仕事のほうが、馬やロバより安かったのである。

　当時のピレネー地方の新聞によると、一年間で五人家族のためにかかるお金は最低で五百二十三フランであるという。日曜、祭日、あるいは仕事のない日を計算すれば、父にはとてもそれだけの稼ぎはない。そのために母は家事、洗濯、畑仕事と、よく働いた。ベルナデッタは、赤ん坊のジュスタンの子守をした。ジュスタンが泣き出せば、乳を飲ませるために仕事中の母のところへ連れていくが、母は仕事に追われて食事もろくにとれないため、あまり乳の出がよくなかった。彼女が生んだ八人の子どものうち、十歳になるまでに五人が死んでしまった。母に仕事がないとき、上の二人の女の子は、薪や骨や鉄くずを拾いに行き、くず屋に買い取ってもらった。それでもあまりの「貧しさ」に、ベルナデッタが学校へ行くことは考えられなかった。

一八五五年の秋、ルルドにはコレラが流行した。下痢をし脱水状態になり、多くの人々が死んだ。九月二十三日までに八人、十月十日までに三十人が死んだ。危険を避けてルルドから離れてしまった人もいた。人の心はこういうときに表れるものである。ルルドに来たばかりの新しい主任司祭ペラマール神父、警察署長ジャコメ氏、その親友のダングラー刑事もそうであった。当時の治療法として、村の人たちはワラで患者の身体を力いっぱいもんでいた。ベルナデッタも病気にかかったが、かろうじて助かった。しかし六歳のときからあまり丈夫ではなかったベルナデッタは、ますます弱くなって、助産婦がいろいろな薬をくれたのにもかかわらず、以後ずっと喘息に苦しむのである。

一八五五年、母方の祖母が亡くなった。彼女の遺産として、ベルナデッタの家には九百フランが入った。このお金をもとでにして、家畜を買い入れ、牛、豚、鶏の飼育で生計を立てようと思ったが、お金の使い方が下手なので、結局、新しい水車小屋を借りることになった。しかし字の読めない父がサインした契約書は条件が厳しく、一年間しかその仕事につくことができなかった。二度目の水車小屋経営からも離れたスビルーは、もう二度と経営者にはなれないような状態になった。年が経てば経つほど貧しくなっていき、子どもが多すぎるので、愛情の試練もあった。彼らが生き続けるためには、子どもと別れなければならない状態になったのである。

伯母の店の手伝い

一八五六〜七年にかけての冬、両親は、一番お金のかかる一人の子どもを手放す決心をした。伯母のベルナルドがベルナデッタの代母でもあり、小さなお手伝いさんとしてベルナデッタを引き受けてくれた。もともとベルナデッタは家事が好きであったし、伯母の店の手伝いをすることになった。ベルナデッタはいとこの子守をしたり、洗濯や繕《つくろ》い物をしたり、伯母の店のお客にぶどう酒のサービスもした。伯母の強い性格にもよく従い、叱られてもよくやるのであるが、お客にぶどう酒をつぐときは、つい多めになる。やはり、ボリーの水車小屋の両親に似ているのである。従順よりも、寛大にするのが、ベルナデッタの性格であった。またお客に出したぶどう酒を、できるだけ少し残しておいては、友だちに飲ませてあげた。

「ねえ、マリー、ちょっと飲んでごらん」という調子で……。ルルドでは、ぶどう酒は、子どもに悪い飲み物ではなく、栄養のある飲み物とされていた。

牢獄跡の部屋

一八五七年の初め、父がずっと失業していたためにお金がなくなり、ベルナデッタの一家の人々は借家を追い出されてしまった。しかも家主に家具の一つを取られてしまった。引っ越しがだんだん簡単になっていった。

さて、どうやって屋根のあるところを見つけようか。もうベルナデッタの一家を受け入れてくれるところはなく、最後に行き着いた所は牢獄跡の部屋（Le cachot／カショー）であった。一八五八年三月一日に書かれた記録の中で、デュトゥール検事はその牢獄跡を「汚くて暗くて人間の住めるところではない」と書いている。以前、本物の牢獄であった一室であるが、不衛生なので牢獄としては廃止されていた。この牢獄跡を買った人は多少の整備はしていたものの、臭くてじめじめしていた。しかもその庭には鶏糞が積んであり、いつもその臭いが漂っていた。

ベルナデッタの父のいとこにあたるアンドレ・サジューが、自分の叔父からここを譲り受けて取り仕切っていた。彼はもう一つ窓を造っていたが、庭は相変わらず臭い。サジューは、ある日ここへ住まわせてくれるよう頼みに来たベルナデッタの父のことを「私はひどく怒っていた。スビルーには子どもが四人いる。私には五人いる。家内はとても心が優しいから、自分のパンを彼らに分けてしまうことはわかっていた。本当はこの一階の牢獄跡の部屋には、冬に出稼ぎに来るスペイン人を入れていたのであるが、彼らはしばしば毛布一枚だけで地面に寝ていた」と言っている。ピレネー山脈を越えて出稼ぎに来るこのスペイン人たちは、ルルドでは一番どん底の人たちであった。ベルナデッタの一家は、このどん底の人たちと同じようになっていた。

これを裏付ける話がある。警察署長ジャコメ氏の子アマンダは五歳のとき、初めて靴下を編んだ。そこで、ジャコメ氏の妻は子どもの教育を考えて「貧しい子どもにその靴下をあげなさい。その子どもがスペインの物乞いのように見えてもいいよ」と言った。アマンダが最初に見つけた靴下をはいていない子どもは、ベルナデッタの弟であった。

いとこのサジューは、スペイン人の労務者がいつ来るかわからないが、それでも決心してベルナデッタの一家に部屋を貸すことにした。しかし実際にそのよい返事をさせたのは、牢獄跡の部屋を任せた彼の叔父であった。「彼らには行くところがないんだから、貸してやらないといけないね」と勧めてくれたのである。この暗い部屋は、奥行三・七二メートル、幅四・四メートル。本当は、六人家族なのでベッドが三つ必要なのであるが、二つのベッドがやっと入る広さであった。他にはテーブルと椅子と小さなタンス、それに物入れの大きな缶が一つ。家具はこれだけだが、中の物やシーツなどはきれいに洗濯してあった。ただ、前に住んでいた労務者の残していった害虫などが、だんだんとすべてを汚くしてしまった。

飢饉

一八五六年、ベルナデッタの一家の貧しさはますますひどくなった。八月二十六日付で、ポーの検事長は次のような報告書をパリに出している。「今年の麦の作柄は平年の三分の一にも達しない。ぶどう畑に流行っている病気は、ますます広がっている。今まで百キログラムあたり十三フランであったとうもろこしは二十七フランに上がり、麦は四十二フランまで上がっている。この地方は飢饉のような状態になっている」。そしてまた、同じような報告書によると「解決策はない。なぜなら鉄道もないし、あったにしても貧しい人々は麦を買うお金をもっていない」とある。牢獄跡に住む人々も飢えていた。ベルナデッタは、遊びではあるが、草を使って想像のスープを作っていた。

その年の厳しい冬のある日、ルルドの若い女性エマヌエリト・エストラードが教会で祈っていたら、葬式用の道具置き場のあたりで変な音がした。見に行ってみると、見知らぬ男の子が一人、小さいねずみのようにしてろうそくから落ちたろうを集めていた。人間はあまりにも空腹になると、どんなものでも口にしてしまうのである。

この子どもは自分の名前を言わなかった。ご出現のとき、この若い女性はその子どもがベルナデッタの弟だと知ったが、この弟はそういうことは覚えていないと言っていた。

父の逮捕

一八五七年三月二十七日、牢獄跡の部屋に巡査がやって来た。そして泥棒を連行するように、ベルナデッタの父を連れていった。実は、前の晩メゾン・グロスというパン屋で小麦粉の袋が二つ盗まれ、パン屋が犯人はベルナデッタの父ではないかと言ったというのである。最初、パン屋はベルナデッタの父について「彼が私のところにいたとき、悪いことをしたことは一度もない」と証言した。しかし後で、パン屋は付け加えた。「でも、ひどい貧乏だから、あの男が盗んだんじゃないかと思った」と。これは警察の記録に残っている言葉である。こういうことを言われれば、警察としても一応疑わざるを得ない。巡査はべルナデッタの父の靴を持ち、裸足の父をパン屋に連れていった。調べてみると、パン屋の店に残っていた靴跡と父の靴の大きさが似ている。しかし幾分違うところもあった。もちろん、父は否定し、自分の靴と靴跡が違うことを主張した。証拠がない以上、父は帰宅を許されたのかというと、そうではなかった。なぜなら捜索を受けたとき、一本の丸太が見つかったからである。どこから手に入れたのかと聞かれた父は、あいまいな返事しかできなかった。この丸太は、前々から道ばたに放置されていたのを、ある日薪拾いからの帰り道、父が持ち帰ったものであった。小麦粉の袋については何の証拠もなかったが、こういう貧しい連中は盗みをするに決まっているという先入観と、丸太を盗んだという罪状で、父は監獄に入れられてしまったのである。そして例の丸太は、名乗り出るかもしれない持ち主に返すために役場に置かれた。しかし、いつまで経っても、結局丸太の引き取り手は現れなかったのである。面白いことに、翌一八五八年六月「ルルドの洞窟に入るべからず」という禁止の立て札が立てられたとき、支柱として使われたのはこの丸太であった。

監獄の中の父は、家族のことを考えていた。「自分の軽率さのために家族はとても恥ずかしい思いをしているだろう。自分が働けないから、彼らはますますお腹をすかしているだろう」と。四月四日、検事は家族の困窮を考慮して父を釈放した。ついにそれ以上の取り調べはなく、父は無罪になったが、スビルー家の評判はいっそう悪くなってしまった。片方の目しか見えない父が経済的に困っているというだけで、怠け者だとか、何もできない男と言われてしまう。母の実家の者たちは父が酒を飲むのだと言い、父方の親戚の者たちは母が酒を飲むのだと言う。どちらも根拠のない悪口である。ベルナデッタの家には食べるものがないので、少しでも元気をつけるためにぶどう酒を飲むようなことがあったかもしれないが、当時「ぶどう酒こそ力のもと」という考えが流行していたのであった。

どちらにしても父は、怠け者で泥棒だと思われてしまった。しかし、それでも父は誇りを捨てず、だれからも悪く言われない評判のいい母が父を支えていた。その上、こんな困窮生活をしていても、家族の心は本当によく一致していた。のちに取られた証言によると、夫婦の間には全くいさかいはなかったという。しかし、親戚、隣近所の人たちが、二人を引き裂こうとしたことは事実のようである。

そしてまた、家族の一致を助けたものが、もう一つあった。二階に住んでいた、いとこのサジューの証言によると、毎晩スビルー一家は大きな声で、フランス語で夕の祈りを唱えていたという。ベルナデッタにはこのフランス語の標準語がわからなかったが、自分にとって意味のわからない言葉を通じて、彼女は何ものかを感じているのであった。そこからベルナデッタは信仰を受けていた。そしてこれはのちに、バルトレスの村に行ったとき、彼女にとって大きな支えとなった。

一八五七年、バルトレスで

一八五七年の九月から、ベルナデッタは再びバルトレスの乳母マリー・ラギューのところへ行った。人数が一人減れば、他の者の食べる分が多くなるからである。貧しさの中でも皆の心が一つで、皆が一緒にいるというのは喜びなのであるが、もう少し多く食べたいというのが現実なのであった。

一八五八年三月、バルトレスでのベルナデッタの生活について、伝説めいた話が広まった。一八五八年二月のルルドのご出現の直後のことである。つまり聖母のご出現の事実を認めて賛成する人、あるいは反対にそれをばかにする人が、神父の間にも不思議な話を流し始めたのである。例えばベルナデッタの羊たちは、嵐で増水した小川を奇跡的に渡ることができたとか、雨が降ってもベルナデッタは濡れなかったといった話である。彼女自身はこういう話には全く根拠がないと初めから否定していた。また、バルトレスといえば、滑らかな丘の風景でたいへん美しく詩的なところだと言われ、またそこの牧童の神秘的な祈りなどということも話題にされた。このように美化して考えることは正しくない。ベルナデッタにとってのバルトレスは、仕事の場であり、厳しい現実の場であったのだから。

ベルナデッタが働いていた家では、牛肉を買うのは年に二回、クリスマスと洗礼者聖ヨハネの祝日（六月二十四日）のときだけであった。朝晩の食事に出てくるのは、本当のパンではなく、とうもろこしの一種のスープであり、胃の弱いベルナデッタには最初からこれが食べられなかった。自分の家にいたころは、少なくとも弱いベルナデッタのために、両親は本当のパンを買ってくれた。バルトレスにも本当のパンはあったが、ベルナデッタのためではなく、年寄りのためであった。また、乳母はベルナデッタに厳しかった。彼女はベルナデッタのことが好きなのだが、亡くなった自分の子のための乳を飲んだということを、なかなか忘れられなかったようである。さらに彼女は、その後もう一人の子どもジャンを二歳のときに亡くしていた。そして今、ベルナデッタが子守をしている三番目の子どもも弱くて、秋に死んでしまうのである。

ベルナデッタもただ牧童をし、子守をするだけではない。彼女は何でもしなければならないお手伝いさんなのである。もちろん掃除は自分がすべき仕事だと思っていた。ベルナデッタは主人の言うことをよく聞き、仕事をいやだと言ったことは一度もない。しかし一番つらかったのは、バルトレスへ行けばアデール神父のところで公教要理の勉強をさせてくれる約束であったのに、その約束の木曜日にも羊を牧草地に連れていかねばならないことであった。しかも牧童は羊と一緒にいなければならない。バルトレスでの生活は、その美しい風景の中で一体どんなものであったのか。おそらく一人で寂しく過ごす毎日であったろう。ベルナデッタは時々、自分と同じように田舎のお手伝いさんをしているジャンヌ・マリーという友だちを誘って、二人で一緒に遊んだこともあったらしい。

一人になるとベルナデッタは、ピグと呼ばれる犬や子羊と一緒に遊んだ。彼女は一番小さな羊が大好きで、これだけは亡くなるまで記憶に残っていたようである。彼女もこの地方の他の子どもたちと同じように、聖母月の祈りのために小さな祭壇をつくることが好きであった。しかし子羊は、少なくとも彼女の信心の友ではなかったようである。後ろからぶつかってきてベルナデッタを転がすこの子羊は、彼女の小さな祭壇までも壊してしまうことがあった。それでもベルナデッタは、このかわいい子羊を叱ることはできなかった。彼女は言っている。「私はこのかわいい子羊を罰するために、羊が一番好きな塩をなめさせてしまいました」。この寂しい生活の中でも、ベルナデッタはそれほど痛みを感じていなかったようである。ささやかな生活の中に子どもとしての喜びも見いだしていた。

父はベルナデッタが赤ん坊だったときと同じように、時々訪ねてきた。あるとき、父は畑の中でベルナデッタがとても寂しそうな顔をしているのを見つけた。「お父さん、羊を見て。あの中に背中が青くなっているのがいるでしょう。どうしたのかしら？」と父に尋ねた。悩みで頭がいっぱいの父は、ついこんなふうに答えてしまった。「羊の食べた草が背中に上がって青くなったんだろう。彼らはきっと死ぬよ」。それを聞いてベルナデッタは泣き出してしまったが、慰めようがなかった。実は青い色は肉屋のつけたしるしで、羊が死ぬのは間違いなかったのである。

仕事が終わって家に帰ったベルナデッタに、乳母は公教要理を勉強させようとした。つまり、教会に行かせて勉強させるという約束を守っていないことが気になっていたのである。しかし彼女の教え方は全くひどいもので、ただ公教要理の箇条を一つひとつ読むだけであった。しかもそれはベルナデッタの知らないフランス語の文章であり、その上早口なのである。そうしておいて「言ってごらん、繰り返してごらん」と言うのである。もともと学校に行っていないベルナデッタの頭にはなかなか入らない。彼女がわかるのは、内側から来るものだけなのである。それに公教要理の抽象的な言葉と、自分が受けたいと切に望んでいるご聖体との関係が全くつかめない。言われたことをそのまま言おうとすると、かえって何もかも忘れてしまうのである。しまいには、乳母も怒り出し、手にした公教要理の本を放り出す。そしてベルナデッタをののしるのである。「なんてばかなんだろうね。これじゃあ、いつまで経ってもお前は初聖体なんか受けられやしないよ」

乳母の兄であるアラバン神父は、何回かこういう方法を見て妹を戒めた。その後、乳母は少しの間努力していたが、しばらくするとまた乱暴な方法に戻ってしまう。ベルナデッタは、このことを自分の一番親しい友だちであり親戚でもあるジャンヌ・ヴェデールに話していた。しかし、もし話していなかったら、ベルナデッタ自身の口から出た話として残っているものは、ただ乳母に対する愛情の言葉だけであったろう。ベルナデッタの苦しみを私たちに聞かせるのは、本人ではなく他人なのである。

神のおゆるしならば

ベルナデッタ自身が友だちのジャンヌに打ち明けなかったら、彼女の忍耐と愛らしさのもとが、どこにあるかを知ることはできなかったであろう。「神さまがおゆるしになるとき、不平を言うのはよくない」とベルナデッタは言った。本当に間違いのない言い方である。ベルナデッタは「神さまがお望みならば」とは言わない。「神さまが望む」と言えば、これは苦しみや不当な扱いに対して正しくない言い方になるからである。ベルナデッタは神さまがおゆるしになることだと思うと、心の平和を見いだすことができたが、それでも何かの解決を探してはいたのである。

伯母のベルナルドや乳母は、ベルナデッタがとても優しい子どもであり、言うことをよく聞く子だと証言した。ではベルナデッタが特別に信心深い子どもだったのかと聞かれると、のちに乳母の家の一人が証言しているように「他の人と同じだった」と言うしかない。友だちのジャンヌ・マリーは、ベルナデッタと一緒に畑でよく遊んだが、「ベルナデッタがロザリオを手にしているところを見た覚えがない」と言っている。そしてまた、一八七八年ベルナデッタが亡くなる何カ月か前に「バルトレスではロザリオを唱えていたのですか」という質問に対し、ベルナデッタ自身は「覚えていない」と答えただけである。実は、ベルナデッタは、小さいときのことをかなり忘れてしまっていたようなのである。母のルイーズは「小さいときからベルナデッタは信心に向いていた」と証言している。ベルナデッタは聖母月に、自分のベッドのわきや畑の中に聖母の祭壇をつくるのが好きであったが、それは当時の子どもたちならば、みんながやっていた。

妹のトワネットがベタラムに行ったとき、ベルナデッタのために安いロザリオを買ってきてくれた。ベルナデッタはこのロザリオを大切にし、フランス語でロザリオを唱えていた。南フランスの田舎の言葉は今でも標準語ではない。その言葉はフランス語とラテン語の中間のもので、南の地方の方言である。ベルナデッタはフランス語を知らなかったにもかかわらずフランス語を唱えていたのだから、言葉の意味はあまりよく理解できなかったはずである。おそらく、第二バチカン公会議前のカトリック信者のラテン語理解と似たようなものであったろう。

第一回のご出現のとき、ベルナデッタのポケットには安いロザリオが入っていた。ポケットに手を入れてこのロザリオを取り出すのは、彼女がよくする動作の一つであった。彼女はまた夕の祈りのときに唱える一つの射禱を知っていたはずである。

「原罪なく宿られたマリアよ」

バルトレスでのベルナデッタの生活について真剣に調べようとすると、出てくるのは右に述べたような事実だけであって、そこには熱狂的な神秘現象といったようなものは何一つ見あたらない。

輝かしい光への芽生え

ベルナデッタは、庶民的な信仰の面から見ても行き過ぎた信心をもっていたわけではない。また、霊性神学の書物にある難しい霊魂の状態から言っても神秘家というわけではなかった。しかし、神との一致ということなら(それこそ本当の神秘的生活であるが)、その道においてはベルナデッタは相当進んでいたと言える。彼女は貧しい人の方法でキリストを喜ばせ、その方法で神秘的な生活を送っていた。「父よ、これらのことを知恵ある者や賢い者には隠して、幼子のような者にお示しになったことを心から感謝致します」

このような静かな恵みは、新聞や記録などに残すような性質のものではない。しかしこの地方で宣教していた司祭たちは、よく羊飼いや農夫のうちに、その観想生活の体験を見いだすことができたのである。貧しい人々の聖性というものは、言葉に表さないので推量するしかない。ベルナデッタの両親も、よく沈黙を守っていた。そのため、両親の霊的体験、なぜ人に対して心が広いのか、なぜお互いに陰のない深い愛を示し合えたのか、なぜ他人の悪口に耳を傾けようとしないのかなどを彼ら自身の口から聞くことはできない。しかし、牢獄跡の部屋を訪問した人の話によると、この家庭には特別な雰囲気があったようである。それは理屈にとらわれず素直に受け止める者には、すぐ感じ取れるものであった。一八五九年十一月十二日、初めて牢獄跡の部屋を訪ねた人は、次のように書いている。

「スビルーの家に入りますと、全くすべての顔に一つの穏やかさが感じられます。平和で、無邪気で、ある意味でこの貧しい人たちの幸せが感じられるのです。実は想像以上の貧しさなのですが、その中に入ってみんなと話をしてみると、本当に神さまの祝福を感じ取ることができました」

ベルナデッタは知識もなく、多くの言葉もなかったが、両親の模範にならって湧き出る泉から水を汲むように福音を生きることができた。彼女は多くのことをすぐに忘れた。福音書にあるように彼女の右の手は左の手のすることを忘れていたのである。また、ベルナデッタは、自分の霊的な状態を人に見せびらかすようなことは絶対にしなかったので、調査しようと思う人たちが彼女の単純さ以外のところにその秘密を探ろうとすると、がっかりしてしまうのである。

ベルナデッタはいつも神との一致のうちに生きていた。言葉や、いろいろな方法は知らなくても、ベルナデッタは「聖徒の交わり」を生きていた。地上の聖徒と天の聖徒との交わり、当時の神の民は、この聖徒たちのことをとても親しく考えていたのである。

バルトレスの教会には、ピカピカした洗礼者聖ヨハネのご像があった。ルルドには聖ペトロのご像もあったが、バルトレスでもルルドでも、聖母像が柔らかな光をもって人の心を照らしていた。しかしベルナデッタの聖性は、宗教教育以外のものであった。彼女は三位一体の奥義のことを全く知らなかったので、初聖体の準備にあたったポミアン神父は驚いてしまった。ベルナデッタは理屈の上での知識には全く向いておらず、暗夜に住んでいた。貧しい者の暗夜を単純に生きていた。ただベルナデッタは、ジャンヌ・ヴェルデールに話したように、神のおゆるしがあれば、これをよしと考えて主のよき訪れを待っていたのである。

牢獄跡の部屋に帰る

神のみ旨にすべてをおまかせしていたにしても、彼女は自分の問題を解決するために、いろいろな方法を探していた。一八五七年の終わりごろ、毎週日曜日に一時帰宅するとき、彼女はいろいろなことを考えた。ちょうどそのころ、乳母の三番目の子どもが亡くなった。十三年前に亡くした長男のことを思い出すと、乳母はますます悲しくなって、家の中の空気も重くなっている。悲しみに沈んだ乳母の心はすさんでいて、ベルナデッタにもつらくあたってくる。またもやベルナデッタには、公教要理の勉強に行かせてもらえる希望が全くなくなってしまった。一八五八年一月三日、バルトレスの教会の仕事をしていたアデール神父が、最後の洗礼式を行い、最後の結婚式に立ち会い、そして教会委員の最後の集まりに出たのち、教会を去ってしまった。前々から考えていたベネディクト会の会員になるためである。代わりに来る神父はだれなのか、いつ来るのか、だれも知らない。しかしベルナデッタはもう心を決めていた。ただそれをどのようにして周囲の人たちに承知させるか、ということだけが問題であった。

ベルナデッタは両親に、バルトレスでは退屈すると言った。彼女が退屈すると言うなら、おそらくはそれ以上の深い悲しみがあったのであろう。父は愛する子どもの悩みをすぐにわかってくれた。もちろん母親も同じである。そこですぐに自分の家に帰る準備が始まった。

一八五八年一月十七日、いつもの日曜日のようにベルナデッタは少しばかりのじゃがいもを持って(それはたいそう喜ばれたのだが)、自分の家に帰ってきた。ラギューの家を出てくるとき、乳母が「今晩は戻ってくるのね」と言ったが、ベルナデッタは黙っていた。その日は戻らず、明くる日もその次の日も戻らなかった。そして水曜日にラギューの家に戻ったとき、彼女は「ルルドの神父さまが私に初聖体を受けさせてくださるから」と告げた。司祭の決めたことであれば、バルトレスの主任司祭がいない以上、反対はできない。ベルナデッタはもう十四歳。ラギュー家の人たちは気にしていたが、ベルナデッタは彼らの気分を害して帰りたくはなかったのである。帰る前に友だちのジャンヌ・マリーのハンカチを借りて、自分が持っているたった一枚のハンカチを洗濯して、それが乾くのを待って、翌日、たいした荷物もなく自分の家に帰っていった。

さようなら、友だちのジャンヌ・マリー・コードバン、ジャンヌ・マリー・ガロス。さようなら、同じ乳母に育てられた三人の小さな兄弟。さようなら、ラギューの家で一番優しかったラギューのお父さん。さようなら、ラギューのお母さん、少し荒っぽいところがあったけれど、来たときも、家へ帰るときも優しさを見せてくれた……。

　こうしてベルナデッタはルルドに帰ってきた。今歩いている道は、やがて洞窟へ行くときに歩く道である。そのマッサビエルという洞窟は、あまり評判のよくない場所で、ルルドの村の豚が連れていかれるところであった。ベルナデッタは一度もそこへ行ったことはない。教会の鐘楼《しょうろう》を眺め、やっと自分が公教要理の勉強をして初聖体を受けられると思うと、とても嬉しかった。しかし、相変わらず牢獄跡の部屋には貧しさ、湿った空気、庭からの悪臭、太陽の光の全く射さない部屋などがある。しかしそれと同時に父や母や兄弟たちとの温かい一致もある。ベルナデッタはこの貧しい場所を自ら選んだのである。

牢獄跡の部屋（Le cachot／カショー）

バルトレスの羊飼いの小屋

2　最初の三回のご出現

――一八五八年二月十一日、十四日、十八日

ベルナデッタが家に帰ってきて一カ月も経たない一八五八年二月十一日の木曜日、この日も牢獄跡の部屋の人たちにとって、いつもと変わらない、薄暗くて寒い日であった。午前十一時になっても、父はまだベッドで寝ている。今日は仕事がないのである。明日のためにも寝ていたほうがましだと思っているらしい。突然、十四歳のベルナデッタが「たいへん、もう薪がない」と言った。そこで「薪拾いに行こう」という言葉が出ると、妹のトワネットも一緒に行きたいという。そこへ隣の石切屋の娘でジャンヌ・アバディー、あだ名がバロムという友だちが入って来て、一緒に行こうという。しかし母のルイーズは「それはいいけど、ベルナデッタはだめよ」と言って止めた。外には霧が立ちこめている。長女のベルナデッタは喘息なので、この寒い時期に外の空気はよくない。でも、ベルナデッタは行きたいとがんばっているし、部屋の中より外の空気のほうが楽だという。ルイーズもとうとう折れて、跡取り娘の頭に、家にある唯一のかぶりものである白いカピュレ（ピ

レネー地方の婦人用フード）をかぶせてやった。

薪を探しながら（二月十一日）――第一回目のご出現

薪を拾う三人の少女の木靴が、街道に音を立てている。バウス門をくぐって、やっと畑のあるところに出た。隣の畑の墓地のそばでは、街に近すぎるため、拾いたい骨（残飯から出た骨）があまり見つからない。三人の小さなくず拾いの少女たちが、ポン・ビューという橋に来たとき一人のおばさんに会った。このピグンヌというおばさんは豚のはらわたを洗っていた。「おばさん、ここで何をしているの？」と少女たちが尋ねると、「これはクラレンスさんの豚のはらわただよ。お前たちこそ、こんなに天気が悪いのに何をしているんだね」と聞き返した。「薪を拾っているのよ」と答えると「そんならラフィットさんのところへ行ったほうがいいよ。あの人は最近木の伐採をしたからね」。するとベルナデッタが言った。「いいえ、あんなところへは行かない。泥棒だと思われると困るから」。「それじゃマッサビエルのほうへ行ったらどうだね」とおばさんは勧めた。

もう少し行ってから、三人の少女たちは、サヴィの水車小屋を動かしている水路の橋を渡り、牧草地に入った。この牧草地はガブ川と水路の間の島のようになっている。サヴィの水車小屋のおやじ・ニコロが小屋から出てきて、三人の少女に注意した。「おい、お前たち、ここの伐採された木を取っちゃいけないぞ」。三人とも怒られたと思って返事もせず、たくさんある木の枝を拾おうともしないで先へ進んでいった。葉を落としたポプラの木が並んでいる。ベルナデッタは言った。「水路とガブ川が一つになっているところまで行きましょう」。トワネットは跡取りの姉に反対するのが好きなので「どこだか知らないから、そんなところまでは行かない」と言う。しかし道はそう遠くはなかった。自分たちの前の水路の向こうに、岩壁が高くそびえており、その下には洞窟のようなものがある。そこで水路を渡れば薪もあるし、骨もある。あまり薪や骨を見つけていなかったので、ジャンヌは靴を脱いでそれを向こう岸に投げると、どんどん渡っていった。妹もその後についていったので、ベルナデッタは一人になった。喘息のことを考え、母から言われたいろいろな注意を思い出し「ねえ、お願い。水路の中に石を入れて。そうすれば私も渡れるから」と言った。しかし、他の二人の少女は薪拾いに忙しく、ジャンヌは「だめよ。ばかねえ。私たちと同じようにしなさいよ」と言った。その言葉は、あまりいい言葉ではなかったが、ジャンヌの頭にベルナデッタの病気のことはなかった。ベルナデッタだけが自分の薪を拾えなかったので、ただ怠け者だと怒っているのであった。

ベルナデッタは水路を簡単に渡れるところを探したが、どこにもなかった。彼女はのちに「私は洞窟の前に戻って来て靴を脱ぎ始めました。片方の靴下を脱いだとき、風の音のようなものが聞こえて来たのです」と書き残している。後ろを振り返って見たが、ポプラの木は全く動いていなかった。そして彼女はもう一方の靴下を脱ごうと思ってしゃがむと、また同じような音がした。すると今度は、彼女の真ん前にある木の枝が動いていた。それは野生のバラで、岩のくぼみの周りをつたい、地面から三メートルほどの高さにまで伸びていた。その岩のくぼみは洞窟の右側にあり、この暗いくぼみへ、柔らかい光が射していた。その光の中に、ほほ笑みが見えた。白い服を着た、とても美しい若い女性のほほ笑みが。その女性は、ちょうど人を迎えるときのように両手を開き、そばへいらっしゃいと呼んでいるようであった。

ベルナデッタは驚いた。一種の恐怖に襲われていたが、彼女の説明によると、逃げようという気持ちになる恐怖ではなく、かえってできるだけそこにいたいという気持ちにさせるものであった。しかし自分としては、夢ではないのかと思って闘っている。何度も目をこすってみるが、美しいほほ笑みはそこに変わらずある。「そのとき……」とベルナデッタは言っている。「ポケットに手を入れるとロザリオに触れました。十字架のしるしをしようと思ったのですが、手を額《ひたい》のところまで上げることができません。自然に降りてしまうのです。私はとても心を打たれていて、手が震えてしまいました。私の前に見えるお方は十字架のしるしをしました。すると今度は私にもそれができるのです。十字架のしるしをすることに成功した後では、恐れのような気持ちはなくなってしまいました。私はひざまずいて、この美しい女性の前でロザリオを唱え始めました。見えるお方は私と一緒に、ご自分が持っていたロザリオの珠をつまぐっておられたのですが、唇は動かしていませんでした。私のロザリオの祈りが終わったときに、このお方はそばに来なさいという合図をなさいましたが、私はそうしませんでした。すると、突然このお方は見えなくなったのです」。ただ暗い岩壁と小雨だけが残っていた。ベルナデッタは幸せであった。夢ではない。彼女は靴下を片方だけ脱いでいたので、もう一方の靴下を脱いで水路を渡っていく。何の冷たさも感じない。そして洞窟の下の大きな石の上にしばらく座っていた。

内緒話がもれる

ベルナデッタは二人の少女に追いついた。遠く離れていたこの二人は、ベルナデッタがひざまずいて祈っている姿を見ていた。ジャンヌが言った。「こんなところで祈るなんてばかね。教会で祈ればたくさんよ」。薪を十分に見つけたので、喜んで洞窟の下でしばらく遊んでいた。小雨が降って寒いので、体を動かさないと冷えてしまうのである。しかしベルナデッタはこういうところで遊ぶ気にはなれない。彼女は言った。「ねえ、二人とも、何も見なかった？」。すると、二人は「へえ、何か見たの？」と聞き返す。ベルナデッタは、自分に起こったことを黙っておくべきだと、やっと気がついた。人に言うのはよくないと思い、話をそらすように言った。「ねえ、二人とも水がとても冷たいと言ってたけど、私が渡ったとき、全然冷たくなかったよ」と。

ジャンヌは自分の集めた木の枝をひもで結ぼうとしている。その間、ベルナデッタは洞窟の上のバラの木と穴のほうへ行く。しかしもう暗くなって岩があるだけである。ベルナデッタはもう一度質問しないではいられなかった。「本当に何も見なかった？」「あなたは何を見たのよ」「そんなら何も言わない」。妹はもう少し聞きたかった。ジャンヌはぷりぷりして言った。「ベルナデッタは本当に何も見なかったのよ、だけど薪を拾うのがいやだったんでしょ。お母さんに叱られるよ」。彼女は自分の頭の上に拾った薪をのせ、骨を入れたかごを手に取ると、二人を後に残して上っていく。冷たい水路をもう一度渡りたくないからである。山を登るのはたいへんだが、水に入る必要はない。ベルナデッタとトワネットも同じようにした。でも今度はベルナデッタは息を切らして後ろから着いていくほうではなかった。とても元気よく歩いて、一番先に上に着いてしまった。一休みするため、自分の薪を少しの間降ろして、後ろから来るトワネットの手伝いに行った。妹は「私が一番強いのに」と言うので、ベルナデッタが「そう」と言うと、トワネットは言った。「ねえ。何を見たのか教えてちょうだい。だれにも話さないから。もちろんお母さんにもよ」

ベルナデッタは信頼して、あっさりご出現のことを話してしまった。トワネットは言われたことについて不思議に思うと同時に、跡取りのベルナデッタに対して多少のねたみを感じないではいられなかった。ベルナデッタは長女なので、特別にかわいがられている。喘息なので、よい服を着せてもらえるし、胃が悪いため特別においしいパンも食べさせてもらえる。「お姉ちゃんは私を怖がらせようと思ってそんなことを言うのね。でも、私たちは道に着いたんだから、別にどうでもいいのよ」と言って姉をばかにする。ベルナデッタは「いいえ、私が言ったことはほんとよ」と答えるだけであった。

三人の少女たちは、バウス門に着いた。そして牢獄跡の部屋に戻ってきた。父は相変わらずベッドに寝ている。食事の時間は過ぎていたが、母はその前に木くずでよごれた少女たちの頭を洗わなければいけない。もし子どもたちの頭に変な虫でもついたら、たいへんだと思うからである。「トワネット」と母が呼ぶと、妹はこういうことが大嫌いなので、「いつも私から始めるのね。お姉ちゃんからやってちょうだいよ」とすねた。ベルナデッタは少し離れたところに、自分のためにとってあるパンを食べに行った。妹は、姉がさっき言ったことを話したくて仕方がないので、三回も大きな咳払いをした。母が「どうしたの？病気かい？」と聞くと、妹は言った。「ううん、病気じゃないけど、さっきお姉ちゃんが言ったことをお母さんに話そうと思って……」

妹は、ベルナデッタがマッサビエルの洞窟の中に、白い服を着た娘を見たのだと言った。すると母は「それはたいへん」と言って顔色を変えた。つまり自分たちは次々といろいろな不幸にあってきた。住んでいたところからは追い出され、商売には失敗し、夫は刑務所に入れられた。もしまた今度もそんなことが起こったら、たいへんだと思ったのである。母は早速ベルナデッタを呼んで、「いったい何を見たの？　ちゃんと言ってごらん」と問いただした。

棒で叩く

しかしベルナデッタの口から言葉は出てこない。ただ「白いもの」と言うだけである。毛布叩きの棒で、母は二人の姉妹を叩いた。弱いベルナデッタには加減しながら。そして「お前はただの白い岩を見たんだね。そうだろ？　もう二度とマッサビエルに行っちゃいけないよ」と言う。ベッドに寝ている父は、どんなことがあってもスビルー家としての誇りを捨ててはいけない、という気持ちで次のように言って聞かせた。「スビルー家について、本当に今まで恥ずべきことは一つもなかった。仮にもお前がそういう間違いをするんじゃないよ」と。父も母も、何もわかってはいないのである。ベルナデッタに何が起こったのか……。母は祈らなければいけないと言う。彼女が考えているのは、煉獄《れんごく》にいる一人の親戚の魂のことかもしれない。

そこにジャンヌがやって来て、拾った骨を売りに行こうと言う。前々から子どもたちは折に触れてあちこちから骨を集めていたので、かなりの量になっていた。子どもたちがくず屋へ持っていくと、わずかな値がついた。このわずかなお金を手にした三人は、まずパン屋に行って五百グラムのパンを買い、牢獄跡の部屋に帰ってきて、一緒に楽しくパンを食べた。午前中の出来事はもうどこかへ行ってしまったかのように。

夢なのか

夜になって家族は、マッサビエルで拾ってきた薪の燃えている前で、みんなで祈った。ベルナデッタは胸がつまってきて、感動で涙が止まらない。母が「どうしたの？」と聞くが、どう答えたらいいのかわからない。母はどうしようもなくて、二階のいとこのところへ相談に行った。いとこの妻と母は、暗闇の中でベルナデッタにもう一度、その出来事について問いただした。話が終わってから、二人は代わるがわる「夢なんだよね。錯覚だよね。もう決してマッサビエルに行くんじゃないよ」と言った。

二度と行ってはいけない

二月十二日、金曜日、ベルナデッタは洞窟にまた行きたくなった。しかし「だめよ、仕事をしなさい」と母は言う。ベルナデッタは黙って従い、そのことについてはその日も次の日も何も言わなかった。母はつくづく思った。「ああいう錯覚を忘れてくれたらねえ」

告解所で（二月十三日）

しかし土曜日の午後になると、ベルナデッタはすぐそばにある教会へ行き、告解所に入った。暗い告解所の中で、ルルドの助任司祭ポミアン神父は土曜の告解を聴いている。ほとんど人がいなくなったが、最後に一人の少女が入ってきた。この少女が口にしたのは罪のことではなかった。ただルルドの方言で「私は婦人の形をした白いものを見た」というだけなのである。ポミアン神父は子どもがしゃべるままにさせ、別に質問もしなかったが、子どもの言うことは真実のように思えた。特に彼が打たれたのは「風の音のように」という言葉であった。ポミアン神父は使徒言行録の第二章に出てくる、聖霊降臨のときの風の音のことを思い出していた。

いったいこの少女はどこから、こんなに確信をもってしゃべれるのか、どこから自分が読んだこともないあのような言葉を口にできるのか。しかし神父は、子どもの話だから、それほど大げさに取る必要はないとも思った。のちにこの神父が言っている。「多分、神さまのお勧めの結果、私はベルナデッタに尋ねた。『主任司祭に、このことについて話してもいいかね？』。ベルナデッタはこれを聞くと驚いて『かまいません』と言っただけだった」

同じ日の夕方、ベルナデッタの告解を聴いた神父は、アルジュレスの道を歩いていたルルドの主任司祭ペラマール神父に会って、このことを全部打ち明けた。主任司祭は「もう少し待ってみよう」と言っただけで別の話に移った。

聖水と石（二月十四日）――第二回目のご出現

しかしいつかうわさは、特に貧しい人たちの間に広がってしまった。ルルドではヌヴェールの修道会が一つの施設を経営していて、老人ホームのような病院のような一部分がある。その他に学校があり、月謝を納めるクラスと、貧しい子どもたちのための無料のクラスがある。トワネットとジャンヌがここの友だちにしゃべってしまったので、繕《つくろ》った服を着ている子どもたちの間に、ある考えが広まった。

十四日の日曜日、荘厳ミサの後、彼女たちは怖いもの見たさで、ベルナデッタの見たものを私たちも見に行こうと言い出した。母は絶対にだめだと言ったが、思い直して「お父さんに聞いてごらん」と言った。父は家にいなかったので、子どもたちは探しに行った。父は日曜日にルルドに来ている人たちの馬車の世話をしている。洞窟に行っていいかどうか父に聞くと、父は「だめだ」と言い捨てて仕事を続けた。しかし少女たちは女の子らしく、父の雇い主のところへ行って話しかけた。すると雇い主は少女たちの味方になって言った。「ロザリオを持っているきれいな婦人というのだから、これは別に悪い者じゃないだろう」。こうして父もつい譲歩してしまった。「じゃあ、行ってもいいけど、十五分だけだよ」。子どもたちは大喜びで言った。「はい。私たち、夕の祈りまでに帰ってきますから」

ゆるしをもらった子どもたちが、牢獄跡の部屋へ戻ってきたとき、母が「もし悪いものだったら、どうするの」と聞くと、子どもたちは「そんなら聖水を持っていこう」と言った。子どもたちは二月十一日のときと同じ道を歩いてポン・ビューという橋まで行ったが、水路を渡らないですむように水車小屋の道へは行かず、山の道を歩いていった。洞窟の上に着いたとき、子どもたちは二つの小さなグループに分かれてしまった。一番小さな少女が慌ててベルナデッタについていった。大きい子どもたちも、急に怖くなってぐずぐずしているのに、怖がる小さい子どもたちをばかにした目で見ていた。しかしベルナデッタはかまわずに、滑る道を早足でどんどん行ってしまった。他の子どもたちが洞窟の前に着いたとき、ベルナデッタはもうひざまずいていた。息切れは、まったくしていない。「ずいぶん、はやかったのね」と言われても、彼女は聞いていないかのようであり、ポケットからロザリオを出し、ひざまずいて祈っている。他の子どもたちは周りに立った。ベルナデッタが二連目を唱え始めたときに、急に彼女の顔つきが変わった。「いる！　ロザリオを手に持って、こっちを見ている」。しかし友だちには何も見えない。

ベルナデッタは友だちのマリー・ヒローから渡された聖水の小瓶を手にとって、現れたもののほうへ向けてふりかけた。そして「もしあなたが神さまからのものなら、どうぞここにいてください。そうでなければ、お帰りください」と言った。のちに彼女自身は言っている。「私が聖水をふりかければかけるほど、あの方はほほ笑んでいました。私は聖水が全部なくなるまでふりかけていました」

ベルナデッタの顔が青くなった。友だちのほうを見もしなければ聞こうともしない。友だちは怖くなってきた。周りは山と川だけである。岩壁のくぼみが、なんだかとても怖いものに思えてくる。しかし幸せそうなベルナデッタを見ていると心に平和が戻ってくる。

突然、上のほうから何かが落ちてきて、音を立ててベルナデッタのそばを転がっていき、ガブ川に飛び込んでしぶきを上げた。「たいへんだよ、トワネット！」とだれかが叫ぶと、何かが後を追ってくると思った子どもたちは一斉に逃げ出した。少し離れたところを散歩していた人がこの叫びを聞いた。しかし子どもたちの中に勇気を出す者がいて、みんなでベルナデッタのところへ戻ってきた。そして彼女の腕を取って引っ張ろうとしたが、ベルナデッタには何も聞こえないようであるし、いくら引っ張ろうとしてもびくともしない。信じられないほど体が重くなっているのである。

洞窟の上に少女が一人だけ残っていた。ジャンヌである。少女たちを恐れさせた、先ほどの叫び声はジャンヌのものであった。彼女は、自分が怖かったので、他人にも怖い思いをさせようと思い、大きな石を上から落としたのであるが、ベルナデッタは少しも動かなかった。やがて散歩をしていた男性がやって来た。彼はサヴィの水車小屋のおやじであり、非常な力持ちで、小麦粉の袋を平気で投げる腕力の持ち主であった。しかし彼は、こんな小さな少女ベルナデッタをいくら引っ張ろうとしても動かせなかったのである。彼はベルナデッタの青い顔と、その頬に浮かぶほほ笑みを見て、本当に驚いてしまった。いったいこの少女はどうしてこんなに重いのか、それとも自分自身の力がなくなってしまったのだろうかと。

ようやくベルナデッタは引っ張られて、家に帰った。だが、相変わらずベルナデッタは洞窟のほうに心を奪われていた。水車小屋のニコロはのちに言っている。「私は彼女の上に手をおいて頭を下げさせようとした。しかし、そうすればするほど、頭を上げてほほ笑みながらまた上を見ていた」。やっとのことでベルナデッタを引っ張ることができ、水車小屋まで連れて来た。他の子どもたちは怖くて家へ逃げ帰ってしまった。

ルルドではこのことが大評判になり、人々がやって来た。するとベルナデッタの母は棒を手にして言った。「もうこれで終わり。もうどんなことがあっても絶対にベルナデッタを洞窟へは行かせない」

カーニバル（二月十五日）

二月十五、十六日はちょうどカーニバル（四旬節直前の三日間の期間。日本では「謝肉祭」とも呼ばれる）であった。（カーニバルの月曜日であったが）ベルナデッタは、学校でシスター・ウルスル・ファルドに「カーニバルのようなバカ騒ぎをいつやめるの？」と叱られてしまった。学校を出ると、ソフィアおばさんという人が待ち伏せていた。おばさんは、ただ子どもの善を考えて、シスターに協力したいと思い「そんなお芝居をする子どもに会わせてください。叱ってやりますから」とシスターに頼んでおいたのである。シスターが「この子ですよ」と言うと、おばさんはいきなりベルナデッタの頬を平手打ちして「ばか！ ばか！ もしお前がまた洞窟へ行くようなら、今度こそ刑務所へ入れちゃうよ」と言った。ベルナデッタは、ぶたれた頬が痛く、言うことを聞いて忘れようとしたが、忘れられなかった。

午後は、裁縫の時間であった。裁縫の先生は優しいシスター・ダミアン・カルメルであったので、子どもたちは「ねえ、ベルナデッタ、あんたの見たことをシスターに話しなさいよ」と言うのであったが、ベルナデッタは「私はフランス語なんかしゃべれない」と言って逃げようとした。しかし、友だちみんなから言われるし、間違った伝聞を直しておかねばならないので、どうしても言わないわけにはいかなくなった。花束なんか持っていなかったし、私の後を追いかけたりはしなかった！　シスター・ダミアンは当惑した。子どもたちの間には、からかい半分の変なうわさが流れ出した。例えば「あのマッサビエルって豚小屋でしょ」、「裸足で歩いてる婦人なんて変よ」。何日かの間に、こういううわさは毎日のように言いふらされた。ベルナデッタは最初から黙っていればよかったと思った。バルトレスにいたときは、一日中しゃべらなかったことがあったが、今も黙っていればよかったと思う。

エリザ嬢の魂ではないか（二月十六日）

二月十六日は、カーニバルの火曜日であった。ミエ夫人という、以前仕えていた主人と結婚して、かなりの大金持ちになった五十歳くらいの人がいた。この夫人は洞窟のことに興味をもっていたが、彼女の服を仕立てに来る若い女性アントワネットから洞窟のことを聞いて、ルルドのマッサビエルに現れる女性はエリザ・ラタピーではないかと思った。前年の十月二日に聖母会の会員であったこのエリザは、とても信心深い死に方をしたので、ルルドの人たちの印象に深く残っていた。ルルドの主任司祭は司教の心を慰めようとして、自分の教区にこんな立派な死に方をした人がいるという内容の長い手紙を出していたほどであった。死ぬ少し前に、エリザ嬢は最後のお願いをしていた。自分が死んだら、きれいな服を脱がせ、代わりに貧しい者の服を着せてほしい。そして何の飾りもなしに葬られたいと頼んでいた。聖母会員にふさわしい白い服、青い帯、ロザリオ……。これはエリザの姿であったし、洞窟に見える者の姿でもある。

ミエ夫人は、これをはっきりさせないといけないと言った。彼女は時々ベルナデッタの母を自分の家で働かせたことがあるので、牢獄跡の部屋に行って、自分の望みを命令のように伝えた。そして、翌日の早朝、まだ明るくならないうちにベルナデッタと一緒に洞窟へ行くと告げたのである。

二月十八日木曜日——ペンと紙——第三回目のご出現

二月十八日の朝五時、ミエ夫人は牢獄跡の部屋の前に、アントワネットと一緒に立っていた。ベルナデッタはまだ寝ていたが、起こされて、三人一緒に早ミサに与った。それから暗い道を橋まで歩き、森の道を通って洞窟のほうへ向かった。アントワネットの父は役場に勤めているので、ペンと紙などの筆記用具を借りて持ってきた。最初の二回のご出現についてのベルナデッタの単純な話を信用することができないので、洞窟に現れる人に名前を書いてもらおうと思ったのである。

最初に着いたのは、ベルナデッタであった。ミエ夫人は道で転んだりして一番後からついて来た。ロザリオの祈りが始まった途端に、ベルナデッタは小さい声で「いるよ!」と言った。ロザリオの祈りが終わると、ベルナデッタは筆記用具をアントワネットに渡され、洞窟のところまで進んでいった。ベルナデッタは筆記用具をその方に、上の岩のくぼみと通じるところから渡そうとして言った。「どうぞお名前を書いてください」。その方はこの穴から降りて来て、ベルナデッタに近づいた。しかし紙には何も書いてくれない。ベルナデッタに着いてきた二人の女性は、何も見えないので慌ててしまった。ベルナデッタの声も聞こえない。二人はベルナデッタを叱るが、ベルナデッタは「黙っててください」という合図をするだけである。

ご出現の現象が終わろうとするとき、二人はベルナデッタに「どうして名前を書いてもらうように頼まなかったの?」と聞いた。するとベルナデッタは驚いて「頼んだよ、大きな声で」と言った。どうして二人の耳には聞こえなかったのであろうか。洞窟の不思議な若い女の方には聞こえたはずなのに。

その若い女の方もルルドの方言を使って「お願いですが、ここへは十五日間続けて来てくださいませんか？」ととてもていねいな頼み方をしてくれた。

ベルナデッタは、この不思議な若い女の方のことを、長い間〈あれ〉と言っていた。〈あれ〉はとても親切であった。この日に初めて〈あれ〉の優しいきれいな声を耳にした。それでベルナデッタは何も考えず、ただ心の勧めるままに約束してしまったのである。もちろんベルナデッタには〈あれ〉がエリザ嬢でないことはすぐにわかった。するとミエ夫人は「もしかすると、聖母マリアかもしれない」と帰り道で言ったが、ベルナデッタは黙っていただけであった。

ご出現当時の洞窟

ポン・ビューという橋

3　ご出現の十五日間

――一八五八年二月十八日～三月四日

秘密の約束

秘密の約束であるし、まだどういうものかわからないという理由で、ベルナデッタは洞窟にどうしてもまた行かねばならなかった。ミエ夫人は自分が責任をもつから任せてくれと言って、ベルナデッタを自分の家に連れていった。そうすればミエ夫人の家から洞窟へ連れていけるからである。これは、だれにも知られないようにして、秘密を守るためであった。しかしベルナデッタの母も、伯母のベルナルドも洞窟に行ってみたいと言う。うわさが広がって、二月十九日の金曜日には、洞窟に来たのは八人、土曜日には三十人、二十一日の日曜日には百人になった。毎日ご出現が繰り返され、出現されるお方は黙っている。洞窟の前に集まっている人々は、熱心にロザリオを唱え、帰宅後、その話をだれにでもした。見ているベルナデッタ自身は何も言わなかったが、脱魂状態のベルナデッタを見る人々は、その喜びに参加しているのである。

しかし、庶民の中には何が起こるのだろう、いったい何者なのだろうという期待があった。そしてベルナデッタが呼ばれているこの十五日間の最後の日、どんなことが起こるのだろうか？　奇跡か、神からの教えか、災いか、何だろう？

警察の尋問

二月二十一日の日曜日の午後、貧しいクラスの子どもたちが、夕の祈りを終えて教会から出てきた。役場の用務員カレーが教会の外で待っていて、そのそばにきちんとした服装の男性が立っていた。「この子です」と言いながら、カレーは出てきたベルナデッタを指さした。その男性は、ベルナデッタの服を引っ張って「さあ、一緒に来なさい」と言った。そう言ったのはルルドの警察署長ジャコメ氏である。小麦粉泥棒の問題のとき、ベルナデッタの父を取り調べたのはこのジャコメ氏であった。周りの人々は、ベルナデッタのことをかわいそうに思い、「お前も刑務所に入れられるかもしれない」と言う。しかし彼女は「ちっとも怖いことなんかない。もし私を刑務所に入れたとしても、きっとすぐに出してくれるでしょうよ」と言った。

　ルルドにはまだ本当の警察の建物はなかったので、署長は自宅のほうへベルナデッタを連れていった。この自宅の建物にはジャン・バプティスト・エストラードという税務署の役人と、ルルドの教会の助任司祭ペンヌ神父も一緒に住んでいた。その建物は教会の広場のすぐ前にあって、教会から五十メートルくらいしか離れていない。ぞろぞろと人々がついて来たが、署長は黙ってベルナデッタだけ中に入れた。そして他の人々（ベルナデッタの家族も含めて）に向かって「この中へ入ることはできない。お前たちには用がない」と大きい声で怒鳴った。

　ドアが閉まり、署長は机の前に座ってベルナデッタへの尋問を始めた。彼女にとってこういう経験はもちろん初めてのことであった。しかしベルナデッタの後ろにエストラード氏とその妹エマヌエリトが立っていた。彼らは熱心な信者であり、この出来事に関心があるので、前もって警察署長の許可を受けていた。エストラード氏が入ってくると、署長はすぐ尋問を始めた。

「名前は？」

「ベルナデッタ」

「名字は？」

名字を聞かれてベルナデッタは少しまごついた。自分の名字をよく知らないのである。ボリーの水車小屋に生まれたから、他の人たちは自分のことをベルナデッタ・ボリーと呼んでいる。どう言ったらいいのであろうか。やっと「スビルー！」という言葉が出てきた。

「お父さんは？」

「フランソワ」

「お母さんは？」

「ルイーズ」

「何のルイーズ？」

「スビルー」

「いや、結婚後の名前じゃなく、結婚前の名前を言いなさい」

ベルナデッタはまたつっかえたが、それでもやっと思い出した。

「カステロー！」

署長が「うん、そうだね」と言う。

「お前の年は？」

「十三歳……か十四歳」。

十三歳か十四歳か自分でも知らないのである。

「字は読めるかね？」

「いいえ、読めないです」

「書くことは？」

「それもできません」

「初聖体は？」

「まだです」

署長はこの少女の心を判断することができた。単純で真実。しかし、それならなぜ、こういうおかしなことがあるのか？　だれがこの子を洞窟に行かせ、聖母マリアを見ていると いう入れ知恵をしたのであろうか。ベルナデッタが洞窟で見たものが煉獄の霊魂だというう わさは、もうだれの頭にもなかった。エリザ嬢の問題はいつしか忘れられてしまった。今はミエ夫人が思いついたあの考えが、人々の中で取り沙汰されている。つまり、二月十八日の洞窟の帰り道にミエ夫人が言った「聖母マリアかもしれない」という言葉である。

署長は興味を覚え、子どもをしゃべらせようとして上手に尋問を進めた。

「それでねえ、ベルナデッタ、お前は聖母マリアを見たのかね？」

「私は聖母マリアを見たとは言っていません」

署長ははびっくりして、いったいいつ間違ったのか、そういううわさの源はこの子ではなかったのかと、心の中でつぶやいた。

「ああ、そうか、そんなら、何も見ていないんだな」

「違います。何かを見たんです」

「じゃあ、いったい何を見たの？」

「何か白いもの」

署長はますますわからなくなった。

「何か、かね？　それとも、だれか、かね？」

「〈あれ〉は小さなお嬢さんの形をしているんです」

ベルナデッタと署長との対話は、ルルドの方言で行われた。彼女はこの話し方しか知らなかった。しかし自分に現れたお方は、間違いなく人間だとベルナデッタは考えているのに、署長は「小さな娘、若い娘のごときもの」と書きとめた。そういう言葉があっても、ベルナデッタは出現のことを言うとき、非常に抽象的な言葉を使う。特に「アケロー」というベルナデッタの言葉は、ルルドの方言ではただ〈あれ〉という意味なのである。ベルナデッタは田舎の子どもで、自分の知らないことについては、そういう言い方しかできなかったのかもしれない。しかしまた、この〈あれ〉という言葉の中には、自分をはるかに超える一つの事実に対する尊敬の念も含まれていたと思われる。いったい自分の言うことが、人に曲げられないためには、どのようにしゃべればよいのかということは、ベルナデッタが初めから直面した難しい問題であった。何でも素早く理解できた署長も、今度ばかりはどうもよく理解できない。それでまたベルナデッタに尋ねた。

「お前は〈あれ〉というが、その〈あれ〉はお前に聖母マリアだと言ってくれないのか」

「〈あれ〉は全然そういうことは言ってくれません」

「しかし、うわさによると聖母マリアだと人は言ってるじゃないか」

実は署長の言うとおり、それはルルドでの、もっぱらの評判であった。ルルドの小さな機関紙「ル・ラブダン」という新聞はその時ちょうど印刷中であり、二月十八日付の「ル・ラブダン」紙は二十二日にしか出てこないのだが、この新聞には「聖母マリアが現れた」と書いてある。ジャコメ氏もこれを聞いている。記事を書いた弁護士のビベも知っているが、出る記事は無署名で皮肉っぽい書き方である。それは次のようなものである。「カタレプシーにかかっているると思われるルルドの一人の娘が、ルルドの人たちの注意を引いているところだ。実は彼女によると、マリアのご出現のようなものだそうだ」。署長はますますわからなくなって、もう一度初めから出来事を聞くことにした。ベルナデッタの話では、骨を拾いに行って水路を渡った。野生のバラの木の枝が動き、風のような音がした。そしてまた「アケロー」が現れた。

「お前が見たというときに、お前と一緒に他の女の子たちもいただろう？」

「はい、いました」

「その女の子たちも見たのか」

「いいえ、見ませんでした」

「どうしてそれがわかるのかね」

「女の子たちが私にそう言ったんです」

「どうして見なかったんだろう？」

「私は知りません」

署長はただ聞くだけである。しかしもっとベルナデッタをしゃべらせれば、きっと矛盾が出てくるだろうと思い、尋問を続けた。

「その娘、お嬢さんは、何か着ていたんだろう？」

「ええ、白いワンピースを着て、帯は青く、頭には白いベールをかぶり、両方の足のところに黄色いバラがありました。その色はロザリオの鎖と同じ色でした」

「ああそうか、この娘には足もあるのか」

「ええ、そうです。でも服とバラが隠していて、足の指しか見えませんでした」

「髪の毛もあるのか？」

「少ししか見えなかった」

とベルナデッタは、こめかみに指をあててみせた。

「美しい人か？」

「ええ、本当にきれいです」

「その美しさはだれに似ているの？　例えばパイアソン夫人やドュフォー女史みたいかね？」

署長は女性の美しさにも多少興味があるようで、ルルドの美女を知っていた。ベルナデッタはあわれむかのように「彼女たちなんて問題にならない」と言った。署長はさらに続けた。

「そのご婦人の年ごろは？」

「……、若いです」

質問しながら、署長はいちいち書きとめていた。〝そうだ、今度は問題に関係した、いろいろな人物から聞いてみることにしよう。特に知りたいのは、ミエ夫人の役割だ。彼女は仕事もしないで、多少のずるさもあるんじゃないか。自分を使っていた主人と結婚したおかげで、金持ちになるのに成功したんだからな。そいつを調べれば、多少何かが出てくるかもしれない〟。そう考えながら、署長は次の質問をした。

「お前に何をすればいいか教えたのは、ミエ夫人だろう？」

「違います」

「しかし、お前はミエ夫人のところに泊まっているじゃないか」

「違います。家に帰りました」

「いつ？」

「昨日」

「どうして？」

「伯母がミエ夫人のところに帰るのを許さなかったから」

「ミエ夫人はお前に、どのくらいお金をくれたんだね？」

「お金なんかもらっていません」

「本当か？」

「本当です」

署長は言葉を継ぐ。

「お前は学校のシスターにも話しただろう？」

「はい、修道院長さまと裁縫のシスターに話しました」

「シスターたちはなんと言ったかね？」

「気にしないように。夢を見たんだからって」

署長は考えた。〝あのシスターたちにはなかなか常識があるんだ。自分もこういう宗教的指導者の権威を使って、ベルナデッタの自信をへし折ってやろう〟

「そうだなあ、ねぇベルナデッタ、お前は夢を見たんだよね？」

「いいえ、私はハッキリ目が覚めていました」

「お前は見てると思っただけだろう」

「違います。間違いかと思って、私は一生懸命、目をこすって確かめたんです」

「それはどこかの光線のことじゃないか」

「違います。〈あれ〉を見たのは一回じゃなくて何回もだし、まだ薄暗い時でした。間違いだとしても、そんなに何度も何度も間違えるとは思えません」

「でも、他の女の子たちだって目があるのに、どうして見なかったんだろう？」

「それはわかりません。でも私が見たということには、間違いありません」

署長がいくら説得しようとしても効き目がない。そこで別の方法に出た。

「ねえ、ベルナデッタ、人がみんなお前のことを笑って、からかっている。お前が狂ったという人もいるんだよ。私はお前のためを思って言うんだが、二度とあの洞窟に行ってはいけない」

「でも、私は十五日間行くと約束したんです」

「約束したと言っても、だれもいないんだから、約束はないのと同じだ。お前が間違ったんだ。私の言うことを聞きなさい。もうちょっと常識をもって、二度とあそこへは行かないと、私に約束しなさい」

ベルナデッタは黙っているだけであった。しかし、黒い目は「でも……。私は約束したんだから、それと違う約束を、今ここですることはできない」と言っているようであった。今度は署長のやり方と声が変わった。署長はいかにもベルナデッタを信頼しない調子で、自分のとったメモを読んで聞かせた。それも故意に、メモの具体的な事実を変えてみた。

「聖母マリアは、私にほほ笑みを見せた」

と署長が読み上げると、ベルナデッタはすぐに言った。

「私は聖母とは絶対に言っていません」

困ったことに、ベルナデッタは〈あれ〉がどういうものであるかを決して言わなかった。また署長が「娘」とか「お嬢さん」と言うのもだめで、署長自身もいつのまにか〈あれ〉と言う結果になった。〈あれ〉とは男性を指すのか女性を指すのか、自分でもわからなくなってしまった。ベルナデッタが言うには、間違いなく人間だということはハッキリしている。署長は何度も同じところを読み聞かせ、順序や内容を変えたりしてベルナデッタを試した。最初のうちこそ彼女は一つひとつ訂正していたが、とうとう我慢ができなくなって

「署長さん、あなたは私の言ったことを全部変えてしまうのね」と言うのであった。

署長が立て続けに質問したり、おどしたりすると、ベルナデッタは黙ってしまうことが多かった。署長の巧みな質問も、どこか足りないところがあるようである。どのようにしても、何もつかめない。いったい、これはだれのたくらみなのか？ ベルナデッタ自身が人をだましているのかと思うが、そうではなさそうである。この少女はとても誠実そうに見えるし、また自分を飾ろうともしない。とても謙虚で、詐欺の事実もないし、それに金の問題も全く出てこない。カタレプシーか？ それも違うようである。ベルナデッタは精神的にとても健康であって、熱狂的なところも見られない。どこからかしっぽをつかもうと思っても、つかめないのである。署長は調べようがないなと思ったが、あきらめるような人物ではなかった。思い直して、再び質問を投げかけ、ベルナデッタが答えれば、これに反論する。「お前が最初、私に話したことと、今言ったこととは違う」と、故意に言ってみたりするが、ベルナデッタは「いいえ」と強く否定するだけであった。

署長は威厳を保つために、上にどんぐりのようなものがついている丸い帽子を頭にのせた。緊張がだんだんと高まり、まるで署長がルルドの市場を回っているときのようになった。しかし、そんな緊張の中でもベルナデッタは絶対に態度を変えなかったので、署長の声は思わず大きくなり、とうとう怒り出してしまった。隣の部屋では用務員のカレーとジ

ヤコメ夫人も聞き耳を立てていた。彼らの証言によると、署長は激しく怒り、ベルナデッタに

「飲んだくれ、変わり者、お前は人の気を引くことばかりしているんだ！　娼婦にでもなるがいい！」

とののしったという。これに対してベルナデッタは、

「私は人に来るようにと言った覚えは全くありません」

と答えた。

「だが、人に見られるのをお前は喜んでいるんだろう」

と署長が言うと、

「違います。人が後からついてくるのは、本当に疲れるんです！」

この言葉を聞いて、署長の頭には恐ろしい考えが浮かんだ。今まで書いた調書の三ページ目は、文字がだんだん大きくなっている。そして四行目から六行目までは特にそれが目立ち、最後の行にはベルナデッタが言った「疲れるのだ」という言葉が大きな文字で書かれている。またそのすぐそばには「私はあそこへ行くように大きな力で押されている」とも書かれている。そうだ、この二つの言葉を合わせて考えれば、ベルナデッタはすでに白状していることになるのではないか。この子はきっとだれかに強制されて洞窟に行ってい

るのだ。そのだれかとは、両親ではあるまいか？　法的にはベルナデッタの責任をもっているのは両親だし、この両親には今までも警察との問題があったのだから。署長はそれでちょっと両親をおどしてみたらどうかと考えた（署長はこれをメモに書いたが、ベルナデッタが帰った後、これを消し正直にベルナデッタが言ったとおりのことを書いた）。

街からは騒がしい声が聞こえ、署長の家の前には、大勢の人がぞくぞくと集まって来た。人々は門や窓を叩き、声を上げげた。未成年者を尋問するときには、両親が立ち会う権利があると言いたいのである。署長は集まった人々に会う前に、もう一度ベルナデッタを説得しようとした。

「ねえ、ベルナデッタ、お前はちょっとおかしなことをした。できればこれを問題にしないでおきたいが、それには条件がある。お前が何も見なかったと認めさえすればいい」

「署長さん、私は見たんだから、それと違ったことは言えません」

「それなら、せめて洞窟へはもう行かないと約束しなさい。これが私の最後の言葉だ」

「でも署長さん、私は行くと約束したんです」

「そうか、そんなら私はもうなんにもできない。お巡りさんを呼んで、お前を監獄に入れるまでだ」

署長は立ち上がった。ベルナデッタは動かない。署長は人々が叩いている門のほうへ行った。人々はベルナデッタの父を一番前に押し出すようにして、父に言った。

「あんたのいないところで、あんたの子どもを尋問する権利を警察はもっていない。もしあんたが本当に自分の娘を愛しているんなら入りなさい」

そう言われた父は、決心した。

「自分は娘を愛しているのに、娘を守らない父だと人々に言われたくない」

すると突然、門が開いた。父は、人々に押されて署長の前に出た。中に入ってしまったのである。そして父の背後で、門が閉まった。

父と警察署長

ベルナデッタの父は貧しい生活をしてきたので、「罪がなければ刑務所へ入れられないという保証」が貧しい者にはないことを知っていた。父はかぶっていたベレー帽をていねいに取って、手に持ち、いかにも困った様子で、腰を低くかがめておじぎをした。
「実は私は、あの子の父親ですが……」
署長もとても優しい態度で
「そうか、スビルーさんか、あんたに会えるのは、私も嬉しく思っている。今ちょうど呼びに行かせようと思っていたところだったんだ。なにしろ、あのお芝居をやめてもらいたいからね」

と言い、続けて言った。

「あんたは自分のところへ人を集めているだろう」

それを聞いて父は
「いいえ、それは違います」

「いや、いや、私にはよくわかっているんだ。さっきベルナデッタも、ちゃんとそう言ってくれた。あの子は人に会うのが疲れると言った。あんたが洞窟に行かせるのを、ベルナデッタはいやになってしまったと言った」

「行かせるですって？　いいえ、私はあそこへ行かないように全力を尽くしたんです」

「この子が泣いて訴えるのを、私がこの紙にメモしたんだ。父にも母にも言ってください。私はもう洞窟に行きたくない。父母が私に洞窟へ行けと言わないようにいってくれとね」

父は心配そうにその紙を見た。自分もこんな紙切れのために一度刑務所にやられている。あれからまだ一年も経っていない。しかし父は、その紙に書いてある文字が全く読めなかった。ベルナデッタは「違います」と言っているのだが、署長はベルナデッタの言っていることなど一向に気にしない。

「そうか、そうか、スビルーのおやじさん、まあ、あんたの言うことを信じてもいいが、今度はあんたが嘘をついていないことを証明する番だよ。ベルナデッタに洞窟へ行かないように命令してもらいたい。後をついてくる人から娘を守りなさい。そうすれば全部が解決するんだから」

署長が言うと、父もうなずいた。

「本当にそのとおりです。私たちの家に次々と人が押しかけてくるのには、疲れているんです。だから私たちもベルナデッタが洞窟に行かないように一生懸命努力しました。署長さんがそう言ってくださるのは本当にありがたいことです。これからは戸締まりをちゃんとして、人を家に入れないようにしますし、あの子も決して二度と洞窟へは行かせません」

父は無事にベルナデッタを連れて帰れるのが嬉しいし、署長は署長で

「ああ、難しかったがやっと成功した」

と喜んでいた。

ベルナデッタは非常に落ち着いた態度で帰っていった。すべての人が怖がる署長も、ベルナデッタにとってはあまり怖くなかったようである。署長の巧みな誘導尋問や怒号は、少しも彼女を恐れさせなかったし、むしろほほ笑みをもってこれに答えていた。なぜ笑っていたのかと聞くと、ベルナデッタはこう答えた。

「署長さんが怒って震えると、帽子の飾りのどんぐりが、鈴のように動くんだもの」

〈あれ〉が見えない——二月二十二日　月曜日

翌日、ベルナデッタはまたいろいろな問題に直面せねばならなかった。朝から洞窟へ行くようにという心の中の勧めを感じているが、両親からは行くことを禁じられていた。ベルナデッタはいつものように両親に従おうとするけれども、心が落ち着かない。十五日間続けて行くと約束したのだから、いくら行くなと言われても、なかなか受け入れられないのである。彼女は「そうすると、私は〈あれ〉にか、お父さんかお母さんかに背かねばならないことになる」とつぶやき、無理に自分を抑えていた。

修道院長は、自分の学校の子どもが警察に連れていかれるのを見たので、やっとこんなお芝居が終わると喜んでいた。ベルナデッタの友だちは、ただからかうだけであった。しかし心の中の悩みに比べれば、これらのことはたいした問題ではない。いつ終わるかわからないほど長く思えたこの午前中ほど、彼女にとって従順がつらいと思われたことはなかった。昼の軽い食事の後、ベルナデッタはまた学校へ行った。しかし、学校の門をくぐろうとしたとき、どうしても自分の中に感じられる力に抵抗できず、方向を変えてしまった。

知らず知らずのうちに、足が自分をマッサビエルへと連れていってしまうのである。一番近道で、小さいときから通い慣れた水車小屋の道を通って、左の小道へ入っていく。それに気がついた人たちが、ベルナデッタについて行った。彼女に同情する人、それと同時にお巡りさんも……。彼らは学校からの帰りを待っていたのである。ベルナデッタは不従順がとてもつらく、悩んでいた。彼女はポン・ビューという橋のところで立ち止まった。前の時のようにろうそくを手にしていないことに気づいた。早速、伯母のベルナルドが親戚の家へ取りに行った。駐在所の責任者もやって来て、突然集まったたくさんの人々を見て驚いていた。十九世紀に、まだこんな迷信を信じている連中がいるのかと。

ベルナデッタはいつもの場所に着いた。岩壁の前に立っていると、すぐそばにダングラー刑事が立っていて、皮肉っぽい調子でベルナデッタに声をかけた。「何を見ているんだね。どうせ俺と同じように何も見えやしないんだろう」。ベルナデッタは黙っていた。前回ベルナデッタと一緒に洞窟にいた人々にとっては明らかであった。今日は何もない。ロザリオの祈りが終わっても、ベルナデッタの顔には何の変化もなかったし、彼女自身も、洞窟の暗い影の中に何の光も見いださなかった。かわいそうなベルナデッタ！　伯母のベルナルドがろうそくを消し、彼女の手を引いて連れていく。二月十四日のときのように、ベルナデッタはサヴィの水車小屋で一休みした。喜んだのは刑事であった。「俺が行っただけで、警察の帽子を見ただけで、出現なんてものは消えちまったじゃないか」。人々の言うことも同じで、「バカな話だ」とか「これはお巡りさんのせいだ」と言ったが、また、「もう時間が過ぎていたんですよ」と言う者もあった。信じ始めた人たちにとって、これは正しい説明であり、出現の事実を認める人々の落ち着いた意見であった。しかしベルナデッタは、いったい私は〈あれ〉にどんな失礼なことをしたのであろうかと、つぶやいていた。

帰ってきてからベルナデッタは、ポミアン神父の告解所に入った。彼女は悩んでいることを打ち明け、神父は自分の良心に従い、心の中の一種の霊感に従って

「人には、お前にあそこに行かないように止める権利はない」

と言った。

そのときちょうど、ルルドで責任ある立場のダングラー刑事、デュトール検事、ラカデ村長などは、どうしたらこの騒ぎを止めることができるかと相談していた。村長は言った。

「ベルナデッタが洞窟へ行くのを止める法的な根拠はない。世論は少女を支持している。もし私たちがあの子に何かをしたら、人々が私たちに石を投げるだろう。もちろん見守っていかなければならないけれども、禁止するのは間違いだと思う」

他の者もこの意見に同意したため、一応の結論が出た。

二月二十三日　火曜日——第七回目のご出現

二月二十三日朝五時半、ベルナデッタは道を歩いていた。洞窟の前には一五〇人くらいの人が集まっている。これは初めてのことであるが、田舎の人たちのベレー帽や、女性のかぶりものの他に、ルルドのお偉方、紳士、それに貴婦人のかぶり物も見える。その中にルルドの知識階級、いつもカフェ・フランセに集まる人たちの顔もある。ルルドの医者ドズース先生、村会議員でもある弁護士のデュフォー、一昨日警察署長のところで尋問に立ち会ったジャン・バプティスト・エストラードなど……。

エストラード氏は、今回の出来事に非常に関心をもっているが、どう考えていいのかわからなかった。わからないまま、自分の妹に言われて、何とか重い腰を上げたのであった。彼の妹とその友人たちは、初めからこの事件に興味があり、半分信じているようである。ただ、彼自身としては、この良家の娘たちを、こんな早朝に寂しいところへ行かせるわけにもいかない。そのため、いわばお供をしてきたというのが本当のところであり、行く途中でもいろいろ皮肉ばかり言っていた。ところが、帰り道では彼の態度は全く変わってしまった。彼はのちに書いている。「私はボルドーの劇場に行ったとき、有名女優のラッシェルを見た。本当にすばらしい女性だった。しかし、その彼女でさえもベルナデッタとは比べものにならない。間違いなく、この少女の前には超自然的なものが現れているのだ」

エストラード氏の態度が変わったといううわさが広がり、出現を信じる人の数はますます多くなった。しかし〈あれ〉は黙ったままである。まだベルナデッタは〈あれ〉の名前さえ、知らないのである。

二月二十四日　水曜日——第八回目のご出現

二十四日の水曜日、ベルナデッタは「自分の」場所まで行くのにたいへんな苦労をしなければならなかった。この日は三百人くらいが集まっていた。脱魂状態のままで唱えられたロザリオの後で、新しい出来事が起こった。ベルナデッタはひざまずいたままで一、二歩前へ進んでいき、顔を地面につけているようであった。そばに立っていた十八歳の叔母ルシルは、これを見て大きな声を上げると、そのまま気が遠くなってしまった。ベルナデッタは出現されたお方から頼まれるままに、ただ最敬礼をして土に接吻しただけなので、ルシルが倒れたことに少し驚いたようであった。やや我に返ったベルナデッタは、「叔母ちゃん、心配しないで」と優しく言った。「出現」は見えなくなった。

今日、この出現された方は、新しい言葉を口にされた。「償いを!」と何回か繰り返された。そしてまた「罪びとの回心のために神さまに祈りなさい」とも言われた。さらに続いて「罪びとのために償いの心をもって地面に接吻しなさい」と頼まれた。ベルナデッタが地面に接吻したのは、この言葉に従ったからであり、叔母のルシルが気が遠くなるほど心を打たれたのも、そのためであった。

二月二十五日　木曜日――まだ濁っていた水

二月二十五日、午前二時ごろから、洞窟に人が集まり始めた。よく見える場所を取るためである。ルルドの町では、暗い夜に出かけるときは、隣の家の戸や窓を叩いて「行くよ」と合図をしていた。ベルナデッタが洞窟に着いたときには、もう三五〇人くらいの人がいた。いつものようにベルナデッタは脱魂状態になり、ロザリオの祈りをしている。そして、すぐそばにいたエレオノール・ペラールという婦人に、自分のろうそくと、かぶり物の白いカピュレ(ピレネー地方の婦人用フード)を渡した。ベルナデッタは前日のように、ひざまずいたままで、体をひきずりながら洞窟の奥へ通じる坂を上がって行った。そして時々地面に接吻する。でこぼこで石の多いところを、軽々と歩いていけるのは不思議であった。

けている。

人々はいったいどんなことが起こるのであろうかと思って、ベルナデッタのために道を空

ベルナデッタは洞窟の天井の下に入った。「出現する方」が見える小さな岩のくぼみに通じる、一種の煙突のようなところである。そこでベルナデッタは立ち止まった。唇を動かしているが、あの世との対話が常にそうであるように声は聞こえない。ベルナデッタがうなずいているように見えた。するとまたひざまずいたまま、ガブ川のほうへ降りていった。途中で何かに止められたのか、顔を上げて洞窟のほうへ振り向いた。今度は立って、洞窟の奥のほうへ歩いていった。岩が地面と一緒になるあたりに着くと、ベルナデッタは身をかがめて目で何かを探し始めた。心配そうな顔つきで、また川のほうへ下っていき、再び指示を仰ぐように洞窟のほうを見た。そしてさらにきびすを返して上っていくと、もう一度身をかがめて辺りを見回した。眉をひそめながら、あちこち湿った土を見ていた彼女は、やっと右の手で一箇所を掘り返した。するとその小さな穴の底から泥水がにじみ出てきた。その赤っぽい泥水を手ですくって、自分の顔に近づけたが、捨てた。二度三度と同じ動作を繰り返したのち、四回目にやっとそれを口に入れて飲んだ。そして次に岩のくぼみへ入っていき、ネコノメ草の葉を摘んで食べた。いったいベルナデッタは何をしているのであろうか!?

ベルナデッタが帰ってきたとき、顔は泥にまみれてよごれていた。集まっていた人々はがっかりし、ある人は「どうかしている！」と言った。エストラード氏の言葉に打たれて、一カ月前に死んだ有名女優ラッシェルより美しい少女を見ようと集まった人々も、落胆していた。カフェの娘は、「女優のラッシェルだって？　へんちくりんな田舎娘がいるだけじゃないか」と下品な言葉でののしった。エストラード氏も迷ってしまった。昨日の感激はどこかへ吹き飛んでしまい、「もう、どう考えたらいいのか、さっぱりわからない」と言った。

夕方になって、カフェに集まった人々の間で議論が闘わされたが、エストラード氏は面目を失った。ベルナデッタに何があったのかについては、彼女自身が説明している。「〈あれ〉が言ったのです。泉に行って水を飲んで顔を洗いなさいと。でも私には水が見えないのでガブ川のほうへ行ったのです。でも〈あれ〉は洞窟の岩の下へ行くようにと指さして合図しました。そこへ行ったら、泥みたいな水がありましたけれども、ほんの少ししかなくて、手のひらにちょっとだけしか取れませんでした。あんまり汚いので、三回は捨ててしまいましたが、四回目には飲めました」。そこで、「どうして、あの方はそういうことを頼んだの？」と聞くと、ベルナデッタは「教えてくれないんです」と言った。「それに、お前が食べたあの草は？」と尋ねると、彼女は返事をしなかった。「あんなことをするから、人がお前のことをどうかしていると言うんだよ」と言うと、ベルナデッタは「罪びとのためです」と言った。脱魂状態のときに告げられた言葉を繰り返すだけであった。罪びと、罪、いったいそんなに重大な問題なのか？　ベルナデッタの目、声はそれを考えさせた。

午後になって、ある人々はまた洞窟のほうへ行った。この人々はベルナデッタが掘った小さな穴を見ている。ちょうど炊事に使う鍋くらいの大きさである。エレオノール・ペラールという婦人がこの穴の中に棒を差し込むと、水の流れのようなせせらぎの音が聞こえた。別の一人が、ベルナデッタのしたように飲もうとすると、水は量を増してこんこんと湧いてきた。色も次第に澄んできて、汲めば汲むほどきれいになってくる。こうして泥水は清水に変わった。人々はだんだんと、罪びとの回心を求めた出現された方のメッセージを理解していったのである。

その日のうちに、水を瓶に詰めて二人が持ち帰った。一人は病気の父親に飲ませようと考えた。もう一人は、片方の目を病んで眼帯をしているたばこ屋の息子であった。彼が水を汲むところを見ていた助任司祭ペンヌ神父の妹は、何日か経って彼の眼帯が取れていることに気づいたのであった。

検事に尋問される

同じ日の夕方、一人の巡査が牢獄跡の部屋に顔を出した。「ベルナデッタは、今日の六時に検事のところへ行くように」ということであった。父はカズナーヴさんという人の車を動かすために、タルブの市場へ出かけて留守であった。どうしたらいいのか困った母は、二階にいる父のいとこ・サジューのところへ相談に行った。あいにくサジューは少し離れたところで仕事をしていたが、すぐに帰ってきて、よそ行きの服に着替えて、一緒に行く準備をした。検事の家は三〇〇メートル離れたところにあった。

検事は、ベルナデッタと母と一緒にやって来た、サジューを疑いの目で眺め、聞いた。

「あんたは父親かね？」

「いや、伯父です。この子が住んでいる部屋の家主でもありますが」

と伯父が答えた。すると、検事は

「ベルナデッタとお母さんの二人だけ入ってください。あなたは外で待っているように」

と言った。サジューは中に入れないまま、目の前で戸が閉まった。検事のベルナデッタへの尋問は、規則に従って警察でのときと同じように行われた。しかし警察署長の質問のほうが気楽で矢継ぎ早であった。デュトール検事は、細かいことに気がつく知的な人で、ジャコメ氏のようなずる賢さはない。彼は自分の職務が威厳を与え、その寡黙さがベルナデッタを威圧することを望んでいた。しかし、検事のつくりだした厳粛な雰囲気も態度も、ベルナデッタは恐れなかった。検事はおごそかに、威儀を正し、権威をもって始めたが、尋問を続けるにつれて、自分の予想どおりには行かないことがわかった。検事は善い人で、正しい人ではあったが、自分の思い通りにいかないと筋を忘れてしまうような欠点があった。彼がインキ壺にペンを入れようとして穴が見つからないのを見て、ベルナデッタは思わず笑ってしまった。

　ベルナデッタの言葉からは、つくりごと、熱狂的な態度、金欲しさなどの、犯罪への動機が見つからない。しかし検事は結論を出そうとして、ベルナデッタに向かって言った。

「もう二度と洞窟に行かないと約束しなさい」

「でも、私は十五日間続けて行くと約束したんです」

「それはそうかもしれないが、だれも見ていないようなご婦人との約束なのだから、意味がない。やめなさい」

「でも、あそこへ行くときは、とても大きな喜びを味わうんです」

「その喜びがお前の心を迷わせているのだよ。それは錯覚だと言っているシスターの言うことを聞かなくてはいけない」

「でも、抵抗できない力が私を引っ張るんです」

「それでは、お前が刑務所に入れられてしまったら、どうするんだね？」

「それは別です。もし入れられたら行けません」

　検事はもう一度おどしてみた。「警察署長を呼んで、この女の子を刑務所へ連れていくように言いなさい」。これを聞いて母は泣き出してしまった。二時間もベルナデッタのそばに立ち続けた母は、よろめいてその場に倒れかかった。それに気づいた検事は、椅子があるから座ってもいいと言ったが、その言い方には、貧しい人々に対する高姿勢と、一種の軽蔑の態度が表れていた。ベルナデッタはこれをはっきりと感じ、思わず「いいえ、座りません。椅子をよごすといけませんから」と言った。それでも検事の婦人が勧めてくれた椅子に母が座ると、ベルナデッタは床にあぐらをかいて座ってしまった。

　そのとき、窓の雨戸を叩く音がした。サジューの友だちと、何人かのいとこであった。彼らは、尋問を待っている間、すぐ前にあるサジューのいとこのカフェで一杯飲んできて、酒の勢いで文句を言いに来たのである。検事は少し恐怖を感じ、手がまたもやインキ壺の穴を見つけられずに震えた。検事は脅迫的な言葉を吐いてから、ベルナデッタと母を帰した。尋問は成功せず、検事はのちにそのメモを全部捨ててしまった。

ベルナデッタと母は、サジューのいとこのカフェで一杯飲むように勧められ、二人が牢獄跡の部屋に帰ったのは、九時であった。帰りを待ちかまえていた隣のおかみさんのカズナーヴに「ねえ、白状させられたの？」と聞かれたので、「ええ、私はちゃんと本当のことを言った。でも、向こうは嘘ばかり言うのよ」と答えた。ベルナデッタはどうしてあのような立派な人々が、矛盾したことばかりを言うのかさっぱりわからないので、「書き方がうまくないと、バツじるしをするのかしら？　検事さんはバツじるしばかりしていたのよ」と笑って聞いた。母は「なんてお前は子どもっぽいんだろうね」と言って笑ってしまった。

尋問のときのベルナデッタの話は、ルルドの人々にかなり広まってしまった。検事が震えていたことが大げさに伝えられたし、書き直すためにバツじるしをつけたことは、検事が大きな十字架を書いたと伝わってしまった。その他にも変なうわさが流れた。例えば、尋問した当日の晩に、検事の家のろうそくがひとりでにともったというような……。このような大げさな話にベルナデッタは全く関係していない。

二月二十六日の禁止令

二月二十六日の朝は、警察署長に尋問された二十二日と同じ状態になった、つまり、ベルナデッタは洞窟に行くのを禁止されているのであるが、今度の禁止令はもっと上のほうから出された。この日、家の前には、大勢の人が待っていた。跡取りの責任感を感じた伯母のベルナルドも家の前に来て、座って考え事をしていた。ベルナデッタはこの家の中で一番力のある人の言葉を待っていると、伯母は「もし私がお前の立場だったら行くよ」と言った。これを聞いて、ベルナデッタは何も言わずに壁に掛けてあった自分の白いカピュレを取り、頭にかぶって出ていった。

その日は、洞窟の前に六百人近くの人が集まっていた。狭い場所なので、ベルナデッタが「自分の」場所へ行くために、待っている人々は精一杯の協力をしてくれた。彼女はいつものようにロザリオを唱えたが、何も起こらない。罪びとの償いのための業をするが、何もない。ベルナデッタは切に願う態度を取った。そばにいた人たちは次のように解釈した。みんなひざまずきなさいと言うが、〈あれ〉は何も頼まなかったのだ。〈あれ〉は来ていないと。ベルナデッタは、一晩経ってすっかりきれいになった水で顔を洗い、祈ったが、無駄であった。そばの人々は彼女を引っ張って、うまく行かない日のよりどころであるサヴィの水車小屋に連れていったが、彼女は慰められたくなかった。「いったい、私は〈あれ〉にどんな悪いことをしたのだろうか」と考えていた。

償いの出現――二月二十七日～三月一日

翌日の朝、〈あれ〉が待っていた。二月二十七日、前の二日間、いろいろとがっかりすることがあったものの、集まる人々の数はいっそう多くなった。ルルド高等学校校長で、学者気どりのアントワヌ・クラレンスも、この奇妙な問題を解決しようと初めてやって来た。洞窟から帰った後、県知事と知り合いのこの校長は、「ルルドの洞窟」という報告書を書いてみた。ひざで歩いて地面に接吻する少女の態度は、あまり印象がよくない。夕方になって、校長はベルナデッタの家を訪ね、いろいろな質問した。ベルナデッタの自信に満ちた態度、その魅力が、多少、校長の心を動かしたようであった。ベルナデッタは何の飾りもなく単純に、他人にはわからないような、ある動作について説明してくれた。その動作は償いのためであって、償いは第一に自分のため、同時に他人のためであった。クラレンス先生は、すっかり考えさせられた。学問のない人たちの迷信を打破するための彼の学問も、この素直な少女の言葉に対しては、何の効果もなかったのであった。

次の日と、その次の日、ベルナデッタは償いの業をしていた。人の数はますます増えて、二月二十八日の日曜日は、一、一五〇人もの人が集まっていた。この日は、県庁の町タルブから憲兵隊のルノー少佐が顔を見せていた。人出が多いため、ガブ川と山の岩壁の間の狭い場所に集まっている人々の安全を考えなければならないからである。ミサが終わると、役場の用務員のラタピがベルナデッタを引っ張って、前の日曜日のように、今度は判事のところへ連れていった。しかし判事がいくら洞窟へ行くのを止めようとしても、ベルナデッタは「木曜日まで行くと約束したから」とがんばって譲らなかった。これに対しては、たとえ判事であっても強制することはできないのであった。

三月一日月曜日、夜の十二時ころから人々は洞窟の前に集まっていた。雰囲気が非常に落ち着いているので、自然に祈りが始まる。この日はおよそ一、五〇〇人が集まり、山岳部隊の白いマントの兵士もちらほら見え、たった一人スータン姿の司祭も見えた。司祭が洞窟に来ることは、ルルドの主任司祭ペラマール神父によって禁じられていたので、人々は驚いた。この神父は、デジラ神父といい、ルルドの人ではない。近眼のため、洞窟へ来ることが禁止されているとは知らなかったのである。人々がこの神父を前に進ませようと場所を譲ったので、神父は一番前の列になってしまった。デジラ神父は恐縮しながらも、大きなめがねの奥から脱魂状態のベルナデッタを見た。

一度見ただけで、いつまでも忘れられないと、デジラ神父は次のように書いている。

「ベルナデッタの笑顔は、表現できないほど美しかった。どんなに上手な画家、どんなに巧みな俳優でも、その魅力、その恵みのさまを描写することはできないであろう。それは到底想像もできないものである。特に私の心を打ったのは、その顔に次々と表れてくる喜びと悲しみの表情であった。次々というのは、稲妻のような速さでその顔が変わるからである。しかし不自然なことは一つもなかった。私はベルナデッタが洞窟へ行くときの姿を見た。そして一生懸命その態度を注視していた。しかし道の途中でのベルナデッタと、出現のときのベルナデッタとは、あまりにも異なっていた。そのとき、この場所には深い尊敬と沈黙、潜心の雰囲気があった。ああ！　なんてあそこはすばらしかったんだろう！　私は天国の門の前にいるかのような気がしたのだ」

第一の奇跡

のちに司教がつくった委員会と、専門家（ヴェルジェズ教授という医学博士）の長い調査の後で、ルルドの司教が神の業として認めた、七つの奇跡がある。その第一号の治癒があったのは三月一日。ルルドから七キロばかり離れたところにカトリーヌ・ラタピという人が住んでいた。彼女は朝まだ暗いうちに、ルルドへ向かって出発した。妊娠九カ月の身重でありながら、遠い道のりを小さい子ども二人の手を引いて、洞窟までやって来た。そのようにしてまで、洞窟へとやって来た理由は、カトリーヌ自身もわからない心の引力に引かれたからである。一八五六年の十月、彼女は木に登ってどんぐりの実を豚のために落としていた。そのとき、木から落ちて腕を脱臼してしまい、長期間医者にかかったが治らなかった。右手の指は曲がったまま動かず、感覚もない。そのため紡ぐことも編むこともできなくなり、めぼしい仕事は何もできず、生活に困っていた。

カトリーヌは小さい子ども二人と一緒に、ご出現に注意深く参加していた。のちに彼女は、ガブ川へ流れ込んでいる泉のある岩のくぼみの中まで一人で上っていった。そしてこの岩のくぼみの泉の中に自分の手をひたすと、からだ中に快い感覚が広がり、手が柔らかくなったように思えた。それと同時に曲がっていた指は、突然もとのとおり動くようになった。彼女が感謝の祈りをしていると、陣痛が始まった。「おお、今私を治してくださった聖母よ、どうぞ私が家まで無事に帰れるようお守りください」。そう祈ると、彼女は立ち上がり、子どもの手を引いて、自分の村のルバジャックまで七キロの道を早足で歩き、家にたどり着いた。お産を手伝う人がだれもいないので、すぐベッドに横たわり、ほとんど苦痛もなしに子どもを産んだ。知らせを受けた助産婦が飛んで来たが、赤ちゃんの「オギャア」はもう終わっていた。生まれたのはジャン・バプティストという男の子で、のちに司祭になる。

聖堂と行列――三月二日

三月二日は、一、六五〇人の前でご出現があった。ご出現の後、ベルナデッタは、ルルドの司祭館へ行った。ご出現のとき、ベルナデッタの近くに信心深い婦人たちがいた。彼女たちは、ベルナデッタより先に司祭館に着いていた。その婦人たちは、ベルナデッタから「私は〈あれ〉から、行列をしてほしい、聖堂を建ててほしいという希望を、神父さまに伝えなさいと言われた」という話を聞いていたようであったが、最初の部分しか覚えていなかった。婦人たちは、行列を真っ先にすべきだと思っていた。そして、あさって、つまり最後の日の木曜日、聖なる十五日間のしめくくりとして行列が必要なのだと勝手に思い込んでいたのである。

ベルナデッタは自分が受けたメッセージを司祭に伝えるためにやって来たが、司祭館の中にいた時間はとても短かかった。ルルドの役場当局や警察、判事などすべてが、洞窟に人が集まることを禁止しようとしているのに、行列するなんて到底考えられない。司教にお願いしたところで許されるはずもなく、そんなことを頼むだけでも変に思われるだろうと、主任司祭ペラマール神父は考えた。そこで、ペラマール神父の心の中に、怒りの感情が湧き上がってきた。内心では、自分の教会の信者に良い影響を及ぼしている結果を見て、また神からの恵みの働きを見ているので、彼自身知らず知らずのうちに洞窟の出来事を信じたいような気持ちになることがあるからである。難しい状態になるとペラマール神父が興奮してしまうのは有名な話で、先ほどの熱心な婦人たちが、そのとばっちりを受けて神父にひどく怒られてしまった。

しばらくして、ベルナデッタの伯母のベルナルドとバジールが、ベルナデッタに付き添って司祭館にやって来た。彼女たちはあまり歓迎されず、ペラマール神父はベルナデッタに言った。

「洞窟に行くのはお前か？」

「はい、神父さま」

「お前が聖母マリアを見たというのは本当か？」

「いいえ、私は聖母マリアを見たとは言っておりません」

「そんなら、あの婦人はだれなのかね？」

「知りません」

「知らないだと？　このうそつきめ。しかし、お前の後について行く人たちは、みんなそう言っている。新聞にもお前が聖母マリアを見たと書いてある。いったい何を見ているのかね？」

「私は婦人に似ているものを見ているんです」

「『もの』とか〈あれ〉とか言うが、それはいったい何のことなのだ」

ベルナデッタは行列をしてほしいという『あのお方』の願いを伝えようとするのであるが、彼女より先に同じことを頼みに来た婦人たちがいることを知らなかった。その上、この婦人たちが、次の木曜日に行列をしてくれるように頼んだとは、知る由もない。そこで、ペラマール神父はもっと興奮してしまった。自分を説得しようとする者とも、落ち着かない自分の心とも、彼は精一杯闘っているのである。部屋の中を行き来しながら、「ああ、なんということだ。婦人とか、行列とか、おかしなことを言いおって！」と吐き捨てるように言うのであった。

ベルナデッタの二人の伯母は、結婚する前にお腹が大きくなったので、主任司祭から教会の婦人会を追い出されてしまったほどであった。神父は、町中を騒がすこんな家族を全く困ったもんだと思い、鋭い目でベルナデッタをにらみながら怒鳴った。

「絶対にこの子が洞窟へ行くのを許してはならん！」

怒鳴られたので、伯母のベルナルドは這々《ほうほう》の体《てい》で逃げ出し、バジールとベルナデッタは麦粒のように小さくなった。神父は「帰れッ！」と怒鳴った。二人はまるで「サタン退け！」とでも言われたような気持ちで帰っていった。外に出てから伯母のバジールは言った。

「もう、もう、二度とあの神父さんのところへは行きませんよ」

しかし少し歩いてから、ベルナデッタは言った。

「でも、もう一度行かなきゃ……。私、聖堂のこと頼むの忘れちゃった」

伯母のバジールは

「もう私をあてにしないでちょうだい。お前が私たちをみんな狂わしてしまうんだもの」

と言うのであった。

ベルナデッタは自分と一緒に神父のところへ行ってくれる人を探したが、だれも行こうとしなかった。ようやく父の働いている家の主人の妹ドミニケット・カズナーヴが、一緒に行ってくれることになった。彼女は司祭館へ行って、主任司祭にもう一度ベルナデッタの話を聞いてくれるように頼んでくれた。司祭館では、夜の七時になれば神父さまも少し落ち着くので、それ以後の時間のほうがいいだろうと言われた。しかしベルナデッタが行ったときには、主任司祭の他に、ルルドの三人の助任司祭、ペンヌ神父、セール神父、ベルナデッタの告解を聴いているポミアン神父もいた。ベルナデッタは、自分が「あのお方」から頼まれた第二のこと、つまり「ここに聖堂を建ててほしいと司祭に告げなさい」と言われたことを話した。しかし、こんなにたくさんの神父の前に立たされて、彼女はすっかり上気してしまった。そこでつい、「あのお方」からのメッセージを解説してしまった。

「聖堂……小さいものでもいいんじゃないかしら」

「聖堂だって？　行列のことじゃないのか？　お前は間違えているんだろう」

と神父が聞くと、

「いいえ、私は間違えていません」

とベルナデッタは答えた。朝からいろいろなことが起きたので、ベルナデッタの頭は少し混乱してしまったようである。ご出現のお方はいったい、木曜日と言ったのか、どういう言葉で言ったのか？　バルトレスにいたときの公教要理の文章のように、それは全部消えてしまったようである。ベルナデッタはたしかに行列の話があったと思っているが、どういう言葉で言われたのか、正直言ってわからないと言った。するとペラマール神父が聞いた。

「お前は、まだその婦人の名前を知らないのか？」

「はい、神父さま、知りません」

と答えると、
「そんなら、その名前を聞きなさい」
とペラマール神父は言ってから黙ってしまった。
　若い助任司祭たちは、心にあるいろいろな疑問をベルナデッタに投げかけた。ポミアン神父は、昔の迷信やおとぎ話が復活してくるのではないかと恐れて、ベルナデッタに
「お前はおとぎ話を聞いたことがあるかね？」
と聞くと、
「いいえ、神父さま、聞いたことはありません」
もう一人は
「お前は魔法使いを知っているだろう？」
と聞く。ベルナデッタが
「知りません」
と答えると
「このうそつき、ルルドでは魔法使いの話を聞かない人はいないんだよ」
と言った。そこで、ベルナデッタと一緒にここへ来たドミニケットが
「ベルナデッタには神父さんの言葉がわからないんですよ。この子がわかる方言を使えば

答えられるんです」

と説明した。ドミニケットはフランス語だけでなく、ピレネー地方の方言のいろいろな違いを知っているのである。ペンヌ神父は落ち着いて、自分の知っているルルドの方言で
「ベルナデッタ、その婦人がお前にいった言葉はどういうこと？」

と聞いた。それでもまだベルナデッタには、方言の単語がよくわからず
「言葉はないんです」

と答えた。

「言葉はない？　しかし行列とか聖堂のことを言ってるじゃないか」

と神父が問いつめると、またドミニケットが
「神父さん、ベルナデッタにはまだわかりませんよ。あなたの言い方がここの方言ではないからです。あなたは勘違いしています」

と言った。そして、

「この子がかわいそうですから、もう帰らせてください」

と頼んだ。ベルナデッタはやっと重荷から解放され、ドミニケットと手をつないで帰った。

「ああ、よかった。これで自分が頼まれたことは終わった」

と言いながら。

三月三日――最後のご出現の前日

三月三日は洞窟の前に三千人もの人が集まっていた。山の上から中腹にかけて、下のほうも人でうずまっていた。この大群衆は、何時間経っても祈っている。その中で、ベルナデッタを直接見られる人はとても少ないので、その日の朝に実際はどんなことがあったのかわからなかった。そのため、町には矛盾したうわさが流れた。「ベルナデッタは何も見なかったんだ」、「いや、見た」というように。実は朝の騒ぎの中で、〈あれ〉は見えなかったのである。二月二十二日と二十六日のときのように、ベルナデッタは憂いの心をもって帰っていった。しかし、しばらく経って再びベルナデッタが行ったとき、〈あれ〉はいた。

主任司祭はある人の意見を聞くためにタルブまで行って、夕方に帰ってきた。ちょうどその時、ベルナデッタが司祭館のベルを鳴らした。ベルナデッタは主任司祭に言った。

「神父さま、あのお方は相変わらず聖堂を建ててほしいと言っています」

主任司祭が

「名前を聞いたのか？」

と尋ねると、

「はい、神父さま。聞いたけれども、あの方はほほ笑むだけで、返事をなさいません」

すると、主任司祭は吐き捨てるように言った。

「あの婦人は、お前のことをバカにしているのだ」

しかし、主任司祭は、最近、自分の教会の信者が前より熱心になったことや、教会にしばらく来なかった者が来るようになったのを見ている。彼の心には、希望のともし火が灯り始めていたのであった。そこである考えが浮かんだ。自分のもっている疑惑を消すために、何か、しるしを頼んだらどうか。話によると、十六世紀にメキシコのグアダルペで、真冬にもかかわらず聖母が丘全体に花を咲かせたという。そこで、彼はベルナデッタに笑いながら言った。「もしお前の言うそのご婦人が、本当に聖堂を建ててほしいと言われるのなら、まず名前を教えてもらいたい。そして洞窟のあたりのバラを咲かせてくれれば、私も信じよう。聖堂も建てよう。お前が言うような小さなものではなく、大きい聖堂を」

一八五八年三月四日　木曜日――「偉大な日」

十五日間の最後の日になった。「偉大な日!」という言葉が流行っていた。前の晩の十一時ころ、警察署長がやって来た。洞窟のどこかに変なもの、光を出すようなものが隠されてはいないか、奇跡らしく見せるための工作はないかと、洞窟のあたりをくまなく調べていた。しかし、警察署長を驚かせたのは、すでに大勢の人が集まっていたことであり、しかもみんなが祈っていることであった。

朝の五時になって、署長は再び調査を始めたが、たいへんな苦労をせねばならなかった。洞窟の前も中も、人のいられるところには、人間がぎっしりと、ぶどうの房のように密集している。ルルド周辺のすべての村から人々がやって来た。六時に近所の警察の応援を頼んだので、警官たちは役場の前に兵隊たちと一緒に集まり、役場から洞窟まで並んで待っている人々の整理にあたっている。日の出のころ、ガブ川の両岸は人でふくれ上がっていた。バレージュから来た女性たちは、赤いかぶりものをかぶっているし、ルルドの女性たちは白いかぶりものをかぶっている。ルルドの城の高いところから眺めてみると、七つの山間から集まった人々でいっぱいであった。おそらくこんなことは初めてであろう。何人いるのか、八千人と言う人もあれば、二万人と言う人もいる。おそらく八千人が正しいであろう。集まっている人たちは、不思議と静かにしている。祈りは一瞬もやまない。人々は押されることも、寒さの中に立っていることも苦にならないようである。時々、人が動いて、何人かの者が川に落ちるが、浅いので、不平も出ない。二月十一日にベルナデッタが素足で渡ったのは、その場所であった。

朝七時になった。ベルナデッタが洞窟に来るのは、たいていこの時間であったが、この日はまだ姿が見えなかった。寒さと疲れのせいか、人々はいらいらし始めた。ベルナデッタが途中で止められてしまったのではないかと心配する人もいた。五時から補佐とともにいる警察署長は、この空気の変化に気づいて、一人の子どもに「ベルナデッタを迎えに行っておいで」と言った。七時五分になると、「ああ、来た、来た」という声が聞こえた。ベルナデッタは、いとこのジャンヌ・ヴェデールと一緒にやって来た。ジャンヌ・ヴェデールはモメールという村の学校の先生であるが、ベルナデッタはこの年上のいとこに、出現のとき自分のそばにいてもらう約束をしていた。二人とも六時半のミサに与《あずか》り、ミサが終わるとすぐに聖堂を出た。人々はベルナデッタとそのいとこが通れるように、一生懸命譲り合って道を空けていたので、整理をする人は苦労が全くなく、その場の人々の協力を得られていた。ベルナデッタも昨日のように朝のご出現に遅れることがないように、前の晩からある人たちに協力を頼んでおいた。馬車の御者で人の整理がとても上手なガンソーや、無事に時間に間に合うように板を前の晩から用意しておいてくれた鍛冶屋《かじや》のタルベス。

ベルナデッタは自分の場所に着いたが、いとこのジャンヌ・ヴェデールは板敷き道の前まで来ると、もうそれ以上進むことができなくなった。しかし、ベルナデッタは約束したことを忘れていなかったので、いとこを自分のところまで通してくれるようにと頼んだ。

すると一人の巡査と警察署長が連れてきてくれたので、いとこはベルナデッタのそばで待つことができた。ロザリオの第二連第三回目の「聖母マリアへの祈り」が始まると、ベルナデッタは脱魂状態に入った。警察署長と町の助役は、さかんにメモをとっている。警察署長は、ベルナデッタのいろいろな動作の回数を計算し、「ほほ笑みが三十四回、洞窟のほうへのおじぎが二十四回」とメモした。そばにいる人たちは、ベルナデッタと一緒に十字を切った。三十分後にベルナデッタは洞窟の中に入っていき、ご出現のお方との対話が始まった。ベルナデッタの唇は動くけれども、何の音も聞こえなかった。その場所に彼女がいたのは、二分くらいで、とても嬉しそうな顔をしていた。いとこによれば、その間だけで、ほほ笑みは十八回だという。その後で三分くらい、ベルナデッタは悲しげな顔に変わったが、それが過ぎると、再び喜びにあふれた顔になった。ベルナデッタはていねいにおじぎをしてから自分の場所に戻ってきた。そしてまた十五分くらいロザリオを唱えた。その後、ベルナデッタがろうそくを消して、何も言わず、自分に向けられた群衆の目に全く無関心な様子で、ルルドへの道を歩き始めた。

この日のご出現の時間はとても長く、七時十五分から八時までの四十五分であった。しかし奇跡も特別な教えもなかった。集まった人々は帰っていった。その足取りは静かではあったが、同時に一つの疑問が残っていた。警察は、見に来ていた人々ががっかりしていたこと、整理をする人々の手際がよく何の事故もなかったことに満足していた。次の日の新聞には、この二つのこと、特に群衆の失望感が長々と書かれるに違いない。

しかし、その日の午前中、ベルナデッタの貧しい牢獄跡の部屋には、次から次へとひっきりなしに人々がやって来た。長い長い行列に並ぶ人々は、ベルナデッタを見、接吻し、ベルナデッタの手で自分のロザリオに触れてもらいたいのである。ベルナデッタは承知しようとせず、「私が触ったからといって、どんなことがあるんでしょうか」と言ったが、人々の望みを受け入れなければ、行列はもっと長くなるだけである。それならば早く終わらせたほうがよいと考え、ベルナデッタは「ロザリオを全部いっぺんにもってきてくれれば致します」と申し出た。ミサのときから出現の終わりまで、ずっとベルナデッタのそばにいた、いとこも自分の順番を待って行列の中にいた。彼女も自分のロザリオをベルナデッタに触ってもらいたいのである。七つの悲しみのロザリオ、カマルドリ会のロザリオ、十五連のロザリオの三本をもっていた。ベルナデッタは言った。「あなたまでも？　いったい私は何をしたらいいの？　私は司祭じゃないのよ」

食事の時間を理由に、やっとのことで家の戸を閉めることができた。一休みの時間を利用して、ベルナデッタは主任司祭のところへ行った。主任司祭は、胸がいっぱいになっているようであり、何かを期待しているかのように、ベルナデッタを待っていた。

「あの婦人はお前に何か言ったかね？」

「名前をお尋ねしましたが、ほほ笑むだけでした。バラの花を咲かせてくださいとお願いしましたが、やはりほほ笑むだけでした。でも、今度もまた聖堂を建ててほしいと言われました」

　ベルナデッタがそう答えると、

「お前はその聖堂を建てるためのお金をもっているのかね？」

「いいえ、神父さま。そんなお金、持っていません」

「私ももっていない。その婦人にお金をくれるように、頼め」

　主任司祭もがっかりしたが、ベルナデッタも多少がっかりした。今日は約束した十五日間の最後の日で、名前を何度も尋ねたが、とうとう教えてもらえなかったからである。

　ベルナデッタは校長の家へ行った。校長は自分の家をベルナデッタの隠れ家にして、彼女を群衆から守りたいと思ったのである。ベルナデッタは校長の家へ入ると、すっかり子どものようになり、校長の四歳の子どもと遊びに夢中になってしまった。その幼い姿は、校長を驚かせてしまったほどである。ベルナデッタが遊んでいる間、再び、牢獄跡の貧しい部屋の前に、人々が「ベルナデッタはいったいどこだ？」と探しながら集まってきた。こうしてせっかくの隠れ家も、すぐにわかってしまったのである。

朝の五時半ころ、洞窟でベルナデッタを見ていた三人の医者が、彼女を調べたいので牢獄跡の部屋に連れてくるようにと頼んでいた。午後の三時と四時の間に、父がベルナデッタを家に連れてくると、また列ができ始めた。その人々に抱擁されたり、接吻されてベルナデッタはすっかりくたびれてしまい、「どうか、お願いです。戸を閉めてかぎをかけてください」と頼んだ。三日前、検事の調書の中に「豚小屋みたいに臭くて汚いところ」と書かれたこの部屋は、王さまの立派な宮殿のような恵みの場所になってしまった。

人々はお金や贈り物を置いて帰りたいのであるが、ベルナデッタは強い言葉で断った。「こんなものは見ただけでもやけどするような気がする」と手にお金を握らせようとした人に言った。ベルナデッタのこの態度は、自らを罠から救った。少なくとも警察は、この騒ぎの理由はただのお金もうけのためとしか考えていなかったからである。そのような理由で、部屋の前の行列には巡査も並んでいたし、ダングラー刑事の妻も並んでいた。ベルナデッタはもちろん、チップをもらうような態度は全くなかったし、無理に握らされれば力強く投げ捨てていた。

なぜ、今朝のご出現後にはあんなにがっかりしていた人々が、こんなに熱狂的になったのであろうか。それはある出来事が、人々の希望を復活させたからである。洞窟からの帰り道、山へ登る急な坂道の途中で、ベルナデッタは少し足の運びを遅らせた。止まったと言っていいほどであった。番兵のように彼女を守って前を歩いていたガンソーも振り返った。ベルナデッタは優しい目で、赤いかぶり物をかぶった小さな少女を見ていた。バレージュから来たこの少女は、洞窟の出来事の前にベルナデッタに近づこうとしていた。この少女はウージェニー・トロワと呼ばれ、ベルナデッタと同じ年齢である。病気で光に耐えることができないその少女の目は、眼帯で覆われていた。ガンソーはベルナデッタの優しい顔に気がついた。それで彼は「そのバレージュの子をこっちへ連れて来てくれ」と言った。近くにいた人々が手伝ってウージェニーを連れてくると、二人の少女は互いに抱き合い、手を取り合った。ベルナデッタはもう一度ウージェニーに接吻し、名前も聞かずにそのまま別れた。

ベルナデッタは、人々にじゃまされず、苦労なく帰ることができた。それは、赤いかぶり物のウージェニーに人々の目が移っていたからである。ウージェニーは自分の目を覆っていた眼帯を取って、ベルナデッタのほうを見ようとしていた。それまでは、光を見ることが苦痛で、全くできなかったのに、なんと、今は少しも苦痛を感じなくなっていた。ウージェニーは喜んで叫んだ。「奇跡だ！」。「目の見えない人が治った」という言葉が、人々の間に流れた。ペラマール神父の比喩を借りて言えば、「電気の光のように」このうわさはすぐに広まったのである。

ウージェニーは、もう一度洞窟へ連れていかれ、泉で顔を洗った。人々はすっかり興奮し、ウージェニーをデュトール検事のところへ連れていった。この疑い深い男に奇跡の事実を認めさせたかったからだが、検事は懐疑的な態度をとったので、人々はみんな怒ってしまった。ペラマール神父のほうが、もう少し歓迎してくれた。ウージェニーの父が証言をし、神父がそれを書き取った。ウージェニーの父は涙を浮かべながら、深い信仰をもって言った。「私は誓ってもいい。私の娘は奇跡的に視力を取り戻したのです」

一八五八年三月九日の手紙

バレージュから来た人たちもみんな同じように証言をした。早速ペラマール神父は、報告書を司教あてに書いた。もちろん、もっと調査する必要があると付け加えたが。翌三月五日、ペラマール神父はウージェニーの教会の主任司祭あてに手紙を書いたが、なかなか返事が来なかったので、留守であったようである。三月の半ばになると、この主任司祭がルルドにやって来た。そして、その主任司祭が言うことは、ペラマール神父をとてもがっかりさせた。ウージェニーは視力が弱く、体も弱く、病気であるが、目の見えない人ではなかった。ルルドへの旅は親も一緒で、大きな希望と喜びを抱いたが、錯覚であった。この場合、奇跡の話はできない。特別な調査のためにウージェニーの診察をしたテーユ先生がこのように証言したという。

ペラマール神父の落胆は後々まで残るであろう。翌年の六月九日に、ウージェニーは死んでしまった。

ピケ家のハンディキャップのある子ども

主任司祭は、ピケ家という農家の、ハンディキャップのある九歳の小さな子どものことも気にしていた。ジャン・マリー・ドゥセといい、ベルナデッタは数回訪問していた。人々の間ではこれもうわさになっていた。ジャン・マリー・ドゥセは口を閉じることができず、いつも開けたままであったし、食べることもできなかった。しかしベルナデッタの訪問が始まってから、口を閉じ、食事もし、だいぶ元気になってきた。

三月十五日、主任司祭は助任司祭の一人と一緒に、ピケの家に行ったが、そのときに書いたのは「かなりよくなった」ということだけであった。「間違いなく奇跡だった」と聖アウグスティヌスの言葉を借りて言うためには、もう少し明白な全治のしるしが必要なのであった。警察も相変わらず、警戒の目でベルナデッタを見ているし、警察の命令で、ベルナデッタはピケ家へ行くことができなくなり、小さなジャン・マリー・ドゥセは、前のように口を開けたままになってしまった。

尋問

三月十八日、再びベルナデッタは警察から正式な尋問を受けた。彼女は言った。「私は人を治したとは全然思っていませんし、また人を治すために何かをしたことは絶対にありません。私がこれからもまた洞窟に行くかどうかは、今のところ全くわかりません」

問題点

問題点は、ベルナデッタにではなく、洞窟の前に相変わらず集まっている人々にあった。多くの人がろうそくを置いて帰った。三月十八日は十本。二十一日は十九本、二十三日にはご出現のあった洞窟の穴の中に、石膏のマリアさまのご像を置いた人もいる。これこそ法律で認可されていない礼拝所の設置であり、法的に取り締まる根拠ができた。また人々は、薬剤師のパイアソン氏がこの水は危険だと言ったにもかかわらず、泉から出た水を飲んでいた。

新聞は、もう事件が終わったかのように書いていた。約束の十五日間の最後の日の翌日、ラブダン新聞には、次のようにあった。「みんながっかりしてしまった。信じやすい人々の面目はまるつぶれだ。遅ればせながら、大勢の人々が、今までの自分たちの熱狂的な態度のばからしさと、自分たちがあまりにも簡単に信じてしまった軽率さをやっと理解した」。もう一つの新聞は「奇跡とは、群衆がとても簡単に信じてしまったことである。そして群衆の期待していたことはなかったにもかかわらず、いまだに信じている者がいる事実こそ、奇跡のようではないか」。県知事に認可されている、もう一つの新聞は「あの大騒ぎを止めるために、どうして十一歳の『聖女』を、病院に収容しなかったのか」と書いた。ルルドの洞窟の事件は、人々の習慣や常識に合わなかったのである。

ルルドの主任司祭ペラマール師

ローランス司教

ルルドのジャコメ警察署長

デュトール検事

4　最後のご出現

――一八五八年三月二十五日～七月十六日

抑えることのできない力

「神のお告げ」の祝日にあたる三月二十五日の未明、ベルナデッタは目が覚めると、洞窟に行けという心の内的な力を感じた。両親は止めたいが、彼女は自分の心の力を抑えることができなかった。両親はそれを知っていた。「待ちなさい」と言うのであったが、五時になると、ベルナデッタはもう洞窟への道を歩いていた。

三月二十五日の出現

今度こそ主任司祭のために、どうしても返事をいただこうと、ベルナデッタは心に決めていた。ロザリオが終わると、〈あれ〉は岩の中の穴を通って近づいてきた。ベルナデッタは嬉しくなり、勇気を出してていねいに、遠慮深く、自分が用意した方言での質問をしてみた。

「お嬢さん、お願いです。私に、あなたがどなたであるのか、教えていただきたいのです」

〈あれ〉はほほ笑みを返しただけで、返事はなかった。ベルナデッタは二度三度と力強く頼んだが、〈あれ〉は相変わらずほほ笑んでいた。今回はベルナデッタもあきらめなかった。主任司祭は、〈あれ〉から返事をもらわないかぎり、聖堂を建てるとは言ってくれないのだから……。

四回目に尋ねたとき、〈あれ〉はもうほほ笑んではいなかった。今まで組んでおられた両手を離し、地面のほうへその手を差し伸ばされたかと思うと、再び胸の高さのあたりで手を合わされ、天のほうへ目を上げて言われた。

「ケ・ソイ・エラ・インマクラダ・カウンセプシウ」

インマクラダ・カウンセプシウ

ベルナデッタの顔に色が戻った。彼女は以前、〈あれ〉に行列のことを言われたかどうか忘れてしまったことを思い出した。二度とそういうことがないように、今言われた言葉を口の中で繰り返しながら、司祭館のほうへ歩いていった。道の途中で人に質問されてもいっさい答えず、ただずっと「インマクラダ・カウンセプシウ、インマクラダ・カウンセプシウ……」と唱え続けた。だが、言葉の最後の部分が、なかなか難しくてうまく言えなかった。

やっと司祭館に着いたベルナデッタは、いきなり主任司祭に向かって叫ぶように言った。

「ケ・ソイ・エラ・インマクラダ・カウンセプシウ（私は無原罪の宿りである）」

突然そう言われた主任司祭は驚いた。〝なんと傲慢な。お前が無原罪の宿りだって！〟と、心の中で考えるが、口から言葉が出てこなかった。自分自身のことを彼女が言っているのではないということが次第にわかってきた。まぶしい光に負けないように、理性は必死になって闘い、負けないための理屈を教えてくれた。聖母は原罪なしに宿られたが、聖母が自分の宿りであるということは意味がない。やっと主任司祭は言葉が出てきた。

「ご婦人がこのような名前をもつことはできない。お前は間違っている。いったいお前は自分の言っていることの意味がわかるのか？」

ベルナデッタはただ頭を左右に振るだけであった。

「それなら、どうして自分のわからないことが言えるのか」

「道を歩きながら、ずっと口の中で繰り返して来たんです」

とうとう主任司祭は怒りをすべて捨てた。胸が詰まってくる。いったい自分は病気にでもなったのか。しかし彼が必死に抑えようとしているのは嗚咽であった。黙ってしまった神父にベルナデッタが言った。

「〈あれ〉はまだ聖堂がほしいんですって」

泣いている姿を少女に見られたくないので、主任司祭は残っている力をすべて絞り出して、「家へ帰れ！　もうよい。そのうちにまたお前に会うから」と怒鳴るように言った。ベルナデッタには、どうして主任司祭がそんなに怒っているのかさっぱりわからなかった。それに自分が聞いたあの言葉は、なんだかわからないが、とても美しく、喜びを与えてくれる。あの言葉の意味は何なのだろう。「無原罪のおん宿り」という言葉は、十二月八日の祝日に、教会でベルナデッタの耳にも入っていたはずである。しかし、それはフランス語で言われているため、三位一体の奥義と全く同じように、ベルナデッタにとってはわからない事柄なのである。

「無原罪のおん宿り」の意味をベルナデッタが知ったのは、夕方エストラード氏のところへ行ったときであった。そこで初めて説明を聞いた。それまでは、ベルナデッタに説明しようと思った人は一人もいなかったのである。そうか、それなら間違いはない。本当に聖母マリアだと、やっと、ベルナデッタは手放しで朝からの喜びに心をまかせることができた。

しかし、どうも言い方が腑に落ちなかった。その日、主任司祭は司教あてに手紙を書いた。自分にとって、いくら神学的に考えてみても、この言い方は変だと思わずにはいられない。現にルルドのことを信じている人でさえ、この言い方につまずくこともあり、それで彼らは自分たちがよいと思っている形に、それぞれ直している。彼らによるとマリアが言われたのは「私はけがれのないおとめである」あるいは「私はけがれのないマリアである」または「無原罪のおん宿りのけがれないおとめである」とか、さらには「無原罪のおん宿りのマリアである」というように、さまざまに言い替えているのである。マリアのメッセージは、人々の慣れ親しんだ言葉と少し合っていないようであった。

この手紙を出してから、主任司祭は一応の務めを果たしたと思って一人で考えてみた。あの少女はこのような言葉を自分で作ることはできないはずだ。すると、この言葉には正しい意味があるはずではないか。そこで彼は神学校時代に習った文法の知識を呼び戻して考えてみた。「物が真っ白だ」と言おうとするとき、「これは白さそのものだ」ということもあるのだ。四年前に定められた信仰箇条のことを考えれば、これはこれで合っているのかもしれない。教皇の言葉には「幸いなるおとめは、おん宿りの最初の瞬間から、原罪のあらゆるけがれから守られたと宣言する」という箇所があった。やっとこれを思い出した主任司祭の心には光が射してきた。こうして真っすぐな心の持ち主であるこの人は、最初から信じたいと思っていた事実の真実を、やっと受け入れることになった。

第十七回目のご出現――一八五八年四月七日

四月六日、復活祭の火曜日に、ベルナデッタは再び洞窟に引かれている心を感じた。夕の祈りが終わって、彼女が告解に行くと、香部屋の仕事をしているアントワネット・タルディヴァイユがベルナデッタを見た。アントワネットは、何かありそうだと思い、数人の友だちに内緒で知らせたため、たちまち大勢の人が知ることになった。この事態をベルナデッタの友だちみんなが心配した。なぜなら、一週間前、検事はベルナデッタを四時間も尋問した上、二度と洞窟へ行ってはいけないと禁止していたからである。

夕の祈りの前にベルナデッタは、隣の村の村長のところへ行った。この村長は、洞窟で癒やされたと言って、ベルナデッタに会いたがっていたからである。村長の息子が、ベルナデッタを馬車に乗せて家まで送っていくと言ったので、彼女はそのとおりにした。

翌七日、復活の水曜日、ベルナデッタは朝早く洞窟の前にいた。すでに何百人かの人が集まっていた。もう少しで千人に達しそうであった。深い沈黙の中で、すでにベルナデッタは脱魂状態になっていた。しかしそのとき、騒がしい音が聞こえてきた。命令調の大きな声を出し、何とかしてベルナデッタに近づこうとする男性がいたのである。「通してくれ!」と叫びながらやって来たのは、ルルドの医師ドズース先生であった。前々からドズース先生はベルナデッタの脱魂状態を見たいと思っていた。彼は医師であるとともに、ルルドの消防団長でもあって、消防士に何かあればすぐ知らせてくれと、いつも言っていた。人々は先生の無理矢理な進み方に対して文句を言った。特に洞窟の前の人々の信心深い態度と違って、帽子をかぶったままであることに不満であった。しかし医師は大声で言った。「私は反対者として来たのではない。科学者としてやって来たのです。走ってきたし、私のはげ頭が寒風にあたると風邪をひく。それで、申し訳ないが、帽子をかぶったままにさせてもらいたい。ここにいる者の中で、私だけがこの宗教的な現象を科学的に研究できるのだ。どうかお願いする」。走って汗をかいたのか、医師はしきりにハンカチで額を拭いていた。しかし目の前に不思議な現象が起きていたので、ドズース先生は、すぐに他のことを忘れてしまった。

この日、ベルナデッタは、ブラジー氏からもらった大きいろうそくを持っていた。風が強かったので、両手を貝のような形にして火が消えないようにしていた。やがて無意識に片方の手を炎の上にかざした。そのまま動かなくなり、ベルナデッタの指と指の間から炎が上がった。人々が驚いて「たいへんだ！　やけどするぞ」と言ったが、医師は「そのままにしておけ」と言った。彼は自分の錯覚ではないかと思った。脱魂状態が終わった後、ベルナデッタの両手を調べてみた。ベルナデッタは何も覚えていなかった。医師は手を見て「何もない！」と思わず叫んだ。こうして医師はやっと信じるようになったのである。

激しい性格のドズース先生は、カフェ・フランセではもちろん、ルルドのどこでも「これは不思議な奇跡だ」とはばからず言い、「洞窟の前にひざまずいたベルナデッタは脱魂状態になって、片手を燃えているろうそくの火の上にしばらくかざしていたが、やけど一つしなかったのは不思議なことである。私はその手を調べてみたが、何の痕跡もなかった」と証言した。警察署長は、医師の言葉をメモにとった。

幻視者たちの時――一八五八年四月十一日〜七月十一日

十七回目のご出現の後で、ベルナデッタは身をひそめた。彼女には恐ろしいことがふりかかっていた。県知事は一刻も早く、洞窟の騒ぎを片づけてしまいたかったからである。知事の提案は、出現を見たとされている者を精神病患者として入院させることであった。

五月四日、ルルドであった徴兵検査に出席した県知事は、何かを見たというすべての人をただちに逮捕し、タルブの精神病院に入院させると、はっきり言明した。また、同日、無許可の礼拝所であるという口実のもと、警察署長は人々が洞窟に飾ったいろいろな宗教的な物品を全部取り去ってしまった。そこでベルナデッタを守ろうとした友人たちは、彼女を遠くに行かせることにした。

五月八日、喘息の治療をするために、ベルナデッタはコートレーの温泉へ行かされた(フランスでは温泉は入浴するのではなく、お湯を飲むことが多い)。コートレーに行ったベルナデッタは、すぐに注目の的となってしまった。人々は朝から晩まで、ベルナデッタに祈りを頼んだ。コートレーの警察署長は、いくらベルナデッタのことを細かく調べても、彼女が目立たないようにしていることと、何の報酬も受け付けないことしか報告できなかった。

ルルドでは、人々の関心がだんだん高まっていった。しかもベルナデッタが留守であるだけに、その現象のもとがベルナデッタではないということも明らかになった。問題は洞窟なのである。洞窟のことを信じる人々は、五月四日に、信心の対象物が取り去られたことを一種の冒瀆の罪のように感じていた。また、この人々は泉に引かれていた。薬剤師のパイアソン氏は危険な水だと宣言したが、もう一人の薬剤師ラトゥール氏は、かえってルルドの水には病気を治すような物質が含まれていると予想し、その水は我々の県にある温泉と同じようなものではないか、と発表した。実は、ルルド村長ラカデ氏も、それには一つの夢をもっており、ルルドが温泉町になればと考えていた。ラカデ氏がそれについていろいろな報告書を書いたことも事実である。しかし、残念なことに、ルルドの泉の水を詳細に化学的に分析すると、ただの水で、村長や村会議員たちが望むような治療の効果など一つもないことが明らかになる。

化学的な水の分析とは異なり、庶民の中から出てきた巡礼は、ますます盛んになっていった。止めようとすればするほど、かえって参加する人は多くなった。集まった人々は祈りを唱えたり、歌ったり、ろうそくを灯したり、熱心に祈ったり、行列したりするのである。ルルドに住むいろいろな職業の人々が、洞窟の周りを整備し始めた。最初から鍛冶屋のタルベスと大工のドマンジューは、泉から出る水のために溝を掘った。四月十日、芝で縁取った水を貯めるための水槽を作った。四月の二十四日、ブリキ屋のカステローは、ブリキの蛇口が三つついた本物の水槽を取り付けてしまった。また大工は、多くの人がろうそくを持参するので、板に穴を空けてろうそく立てを作った。石切屋は、洞窟へ行く急な坂に道をつけてしまった。ふだんは金もうけのためでないと動かないような、この職人たちが、もうけを度外視して時間や労力を提供していることに、警察は驚いてしまった。

しかも、その他に人々からの供え物も多くなってきた。金のハート形の飾り物、ご像、そして、チーズまで捧げものとして置く人もいる。洞窟という場所には、利益を得ようとするのではなく、何かを捧げるという気持ちが生まれていた。だから人々は自分のもっているものを何でも捧げようとするのである。洞窟のいろいろな場所に、毎日、小銭も置かれた。だれが置くのか、何のためか、だれも知らない。

警察署長のジャコメ氏は、金貨まで見つけたことがある。金貨といえば、裕福な人からのものに違いない。いったいだれだろう。実はこの金貨を置いたのは、貧しい一人の老婆であった。つまり、自分の持っているものすべてを置いたのである。この金貨は、いつかとても困ったときのために取って置いたものであったが、マリアさまのためと思い、捧げてしまったものらしい。警察署長は報告書を書いた。一番値打ちのある捧げ物を、一番貧しい者がしている。しかも、その金銭をだれも取らないし、人のいないすきをねらって盗む者もいない。

三月一日、洞窟の中からお金がなくなっていた。警察署長は、盗まれたのではないかと疑ったが、よく調べてみると、教会に勤める香部屋係のフルカードが、お金を拾い集め、数え、最後の出現の大いなる日にミサを献げてもらおうと、主任司祭に届けたのであった。その後、定期的にお金を集める人が決まり、きちんと計算して取って置くようになった。

しかし、これ以外に、あまり健全ではない現象もあった。初期のころは、祈りはいつも静かに行われていたのに、出現が途絶えてからは、時々熱狂的な雰囲気が見られるようになった。ベルナデッタへの最後のご出現の四日目、四月十一日に、五人の女性がマッサビエルの神秘的な洞窟に心を奪われ、隣の農家へはしごを取りに行って、洞窟の奥にこれを架けた。そしてこのはしごを利用して、洞窟の天井にある細い煙突状の穴に入っていき、何分か経ってから、自分たちもマリアを見たと言って帰ってきた。この五人の女性は聖母会の熱心な会員で、主任司祭のところへ行って報告した。そのとき、主任司祭は、ベルナデッタのときより優しい応対をした。

四月十六日、これを聞いた警察署長は、調査をしようとして洞窟へ行き、岩の中の煙突状の穴に入ってみた。そこで彼は、いくらか人間の形のように見えるけれども頭の部分が欠けている鍾乳石を見た。ベルナデッタはもともとそういう場所に入ったことがなかったので、これを見たはずはない。頭の部分が欠けているのに、五人の女性は、想像力で頭を造ってしまったのであった。警察署長が、いくら自然現象だといっても、「マリアを見た」という人の話は絶えなかった。六月になると、学校に通う子どもの中に、マリアを見たという話が流行った。七月には、そういうことを口にする子どもが五十人にも達していた。

立入禁止

このようなうわさを理由に、警察は干渉して来た。六月十五日、立入禁止令が出され、洞窟の前に柵《さく》が造られた。ルルドの人たちは強い反発を見せ、警察署長が柵を造らせた者の一人によって柵は壊されてしまった。十八日にもう一度造ると、二十七日の夜にまた壊された。二十八日に造り替えたら、七月四日に壊されてしまった。そして、性懲りもなく、十日にまた造られた。やがて、訪問者に罰金が科されることになった。幻を見たという人々は、柵の透き間から入ってしまった。ご出現のときの美しい純粋な祈りは、こうして迷信的な、常識のない熱狂的なものに変わってしまった。

司教からの第一の発言――七月十一日

これに対して、教会側の権威ある立場にいる者も、発言せねばならなくなった。七月八日、ルルドの主任司祭は、ルルドの司教にすべてを報告した。十一日に、タルブのローランス司教は、どう考えていいかわからないまま、行き過ぎだけを戒めた。司教が発言するとすぐ、変なうわさやマリアを見たという話は、全部やんだ。その時から、洞窟での幻の話はすっかり消えてしまった。

最後の出会い——一八五八年七月十六日

人々がベルナデッタのことを忘れていたおかげで、彼女はこの熱狂的な騒ぎとは全く無関係に過ごすことができた。ベルナデッタは立入禁止をきちんと守っていたし、人々にも柵を越えないようにと勧めていた。ところが、七月十六日のカルメル山の聖母の祝日に（いろいろな行き過ぎを戒めた、司教の発言の後五日目であったが）、ベルナデッタはマッサビエルに行くように引かれているのを感じた。またしても彼女の心は、「打ち勝ちがたい引く力」と「命令に従わなければならない」という気持ちの間で板挟みになり、しばらく迷っていた。

しかし、夕方になると、ベルナデッタは人から服を借りて着た。そして、だれにも気づかれないように、洞窟とは反対の方向へ走っていった。そして、川の反対側に入り、洞窟の向かい側のところに着いた。柵があるために洞窟のそばまで行けない人たちは、こういうところで静かにひざまずいて遠くから祈っていた。ベルナデッタもその中の一人として、自分のろうそくに火をつけてひざまずいた。すでに暗くなっているので、ろうそくを持っている人は他にもいて、彼女のろうそくの火もその中の一つにすぎなかった。

家を出るとき、ベルナデッタは叔母のルシルと一緒であったが、途中から二人の聖母会員と一緒になった。ロザリオの祈りが始まった途端、ベルナデッタの合わせた手は離れ、そして喜びと驚きのうちに会釈をした。彼女の顔は青白くなり、輝き始めた。ご出現の十五日間のときと同じであった。だれも時間を計ろうとしなかったが、ベルナデッタはロザリオを唱え始めた。その後で、彼女は立ち上がって帰っていった。ご出現は終わった。最後のご出現も、最初のご出現のときと同じように沈黙のうちに行われた。

帰るときに、ベルナデッタはただ次のように言った。

「私には、柵もガブ川も何も見えなくなり、前のときと全く同じように洞窟の中にいるような気がしていました。聖母マリアさまを見るだけでした」

これは、ベルナデッタが地上で聖母マリアを見た最後となった。

洞窟の前にいるベルナデッタ

5　メッセージは風の翼にのって

――一八五八年〜一八六〇年

ご出現の間、ベルナデッタは脱魂状態になって、意識のない証し人であった。その間は、顔が変わっていた。そして、ベルナデッタの祈りの姿は、彼女自身が知らないうちに、多くの人たちの回心のもとになっていた。ご出現の間は、質問してくる人に答える必要もなく、また話しかけられても耳に入らなかった。そのときは、彼女は周囲の事情からいっさい切り離されていたようである。しかし、ご出現が終わると、質問の矢が浴びせられた。好奇心、いろいろな伝説、熱心さ、からかいなどによって、さまざまな問いが彼女に向けられた。朝から晩まで、信じる人、感激した人、反対する人によって、ベルナデッタは絶えず質問ぜめにされていた。

二月二十一日以来、ベルナデッタは警察、判事、検事、また県知事の依嘱を受けた医師(実はこれは、彼女を精神病者と決めつけるためであったが)など、多くの人からさんざん尋問されたのであった。さらに神を畏れるベルナデッタにとって、これらの人々より怖いとも言える司祭からの尋問もあった。出現されたお方と、そのメッセージについて説明できるのは彼女だけであったので、かよわい少女であるベルナデッタが、ルルドの巡礼や建てるべき聖堂を支える柱の一つにもなっていた。

それにしても、ベルナデッタは、あの心の平和や、健全な性格、決して理性を失わない平静さなどを、いったいどのようにして、どこから得ていたのであろうか。ベルナデッタという人物を研究すると、これこそが最も驚くべき一つの側面なのである。ベルナデッタは特別に深く反省しようとしたあともなく、計算するようなこともなく、恐れることも自慢することもない率直な言葉で、簡潔に答えている。

彼女は福音の言葉を読んだことはなかったが、本能的に福音の言葉のとおりに答えていたのである。「会堂や役人、権力者のところに連れて行かれたときは、何をどう言い訳しようか、何を言おうかなどと心配してはならない。言うべきことは、聖霊がそのときに教えてくださる」（ルカ12・11）。ベルナデッタの秘訣はそこにある。この小さいダビデは、教会および国家のゴリアトに対して、しっかと立っているのであった。ベルナデッタの言葉に屈服しない人でも、少なくとも彼女の常識ある答えや、その誠実さは認めざるを得なかった。

もちろん、反対者だけでなく、ベルナデッタを助けた者もいた。ご出現の十五日間の中頃から信じていた弁護士のデュフォー氏が、いろいろな人のずるい質問に警戒するようにと教えてくれた。目的は違ったが、プガー裁判長もベルナデッタを助けてくれた。政治家の力を借りて裁判官の職にありついた、こののんき者は、検事の出頭命令は法的根拠がないので、応じなくてもよいとベルナデッタに教えていた。デュトール検事はこれを知っていたが、自分の上司に対して、どうすべきかわからず、苦しんでいた。彼のメモに何回も書き直した部分があるので、悩んでいたことは明らかである。しかし彼はもっと率直に彼女を叱るような言葉を使っていた。「ベルナデッタよ、気をつけなさい。お前の後ろで、お前をそそのかしている人がいる。しかしそういう偉い人がお前を助けても、刑務所へは入れるからね」と。それに対し、ベルナデッタは、ルルドの方言とフランス語を半々に使いながら「そそのかしていると言われる、そのお方に直接お話しになったらいかがですか」と言うだけであった。

人からの忠告よりも、ベルナデッタの素直な態度のほうが、人の心を説得することになった。脱魂状態のときも、証言するときも、ベルナデッタの秘訣はただ、心が清く透き通っていたことだけである。

ベルナデッタの初聖体

ベルナデッタは学校に通い始めた。学校へ行っている間だけは、少なくとも訪問客に煩わされないですむ。六月三日、前々から強く望んでいた初聖体をやっと受けることができた。初聖体の準備の黙想の間に、町の外から一人の婦人がやって来た。この婦人は、ベルナデッタに会う許可をもらい、ペラマール神父の前で、ベルナデッタに質問した。

「神父さまは、あなたが洞窟へ行くのを禁じていますね。でも、もし聖母マリアが、再び来るようにお命じになったら、どうしますか？」

ベルナデッタは答えた。

「それだったら、私は神父さまの許可を頼みに来ます」

初聖体の翌日、エストラード女史が尋ねた。

「ベルナデッタ、一番幸せだったのは、初聖体のとき？　それともご出現のとき？」

ベルナデッタはこう答えた。

「この二つのことは、一緒のことですけれど、比較することはできないものです。どちらのときも、私はとても幸せでした」

湯治客と訪問客

ピレネー山脈のふもとには、多くの温泉町がある。ルルドはそれらに通じる十字路のような位置にある。そのため、フランス皇帝ナポレオン三世をはじめ、夏になると多くの訪問客がやって来た。パリの新聞にも出現の話は出たし、また信心関係の機関誌、特に「マリアのバラの木」には、ルルドのうわさが報じられていた。このような理由で、旅人や訪問客がベルナデッタのところへ来た。事実を知ろうと思えば、本人に聞くしかない。そのため、ベルナデッタの家の生活は全くスムーズにいかなかった。毎日、ベルナデッタの家族は、訪問客が何とかして置いていこうとする贈り物を断るのに必死であった。なぜなら、ベルナデッタはそのような贈り物を絶対に受け付けず、腹を立ててしまうこともあったからである。

ある日、お金持ちの訪問客がベルナデッタの弟を呼んで、洞窟まで行って水を汲んできてほしいと頼んだ。弟が水を汲んで戻ってくると、お駄賃として金貨を一枚もらった。弟が家でその金貨を見せると、ベルナデッタに顔をひどく叩かれ、「はやく、そのお金を返してきなさい！」と言われたのであった。このことをのちに語ったのは、弟自身である。

七月のある日、三十二歳の若い弁護士シャルル・マドン氏は、ベルナデッタに会い、会話をノートに書きとめた。マドン氏は、ベルナデッタの利発で優しく、謙遜な顔を見ただけで、とてもよい印象を受けたと言っている。しかし喘息が苦しそうで、よく咳をしていたので、彼は「自分の病気が治るように祈ったことがあるのか」と聞いた。すると、

「いいえ、ありません」

とベルナデッタは答えた。さらに彼は質問し、ベルナデッタは答えた。

「例のあなたの言う秘密とは何だろうか？」

「それは私にしか関係のないことです」

「もしパパさまがこれについて聞かれたら、打ち明ける？」

「いいえ」

「もしあなたがこのように、言うことを聞かないなら、復活祭のときにもご聖体を受けるのを禁じる、と聴罪司祭が言ったらどうする？」

「それでも言いません」

「私はあなたの秘密を一つ知っている。それはあなたがいつかシスターになる、ということだ」

ベルナデッタはここで笑った。

「そんなことではありませんよ。もっと深いことです」
「あなたは、その秘密について、いろいろ質問されることが嫌いのようだね」
「いいえ、そんなことはありません。ご出現になったお方が私に、言わないようにとおっしゃっただけです」

この弁護士がした多くの質問によって、「秘密」の事情を、いくらか知ることができた。この秘密が語られた言語は、フランス語の標準語ではなく、方言である。また、一回に言われたのではなく、何回かに分けて言われたものだということ。さらにこの秘密は、ベルナデッタの人生にのみ関係していることで、ルルドの巡礼やフランス、世界のことなどとは、全く関係ないということである。これはベルナデッタ自身がはっきり言っていることである。そのため、彼女は秘密を絶対に言わなかったのである。

七月十七日、モンペリエのチボー司教がルルドに来た。この司教は、ベルナデッタに会いたいと思っていたので、ルルドの主任司祭はベルナデッタを司祭館に呼んだ。司教は、ベルナデッタの貧しさと素朴な態度を見て、心を打たれた。司教は、ベルナデッタに施しをしたいのであるが、彼女は受け付けない。そこで司教は「ピオ九世が祝別して免償をつけたこの美しいロザリオをあげたいが、どうかね?」と言ったが、それもいらないと言う。「贈り物がいやなら、せめてこのロザリオと、お前のロザリオを交換してくれないか」と、司教がさらに頼むと、「いいえ、神父さま、私は自分のロザリオのほうがいいんです」と答えるだけである。ベルナデッタにとって聖職者はすべて「神父さま」なのである。司教というものはどういうものなのか、全く知らない。二カ月前まで三位一体の奥義を知らなかったのと同じように……。だから司教の前に出されたことも、彼女にはたいして印象に残っていない。かえって、タルブの神学校に行ったとき、その応接間の窓から見た大勢のスータンを来た神学生の姿のほうが、よほど印象が強かったのである。雀のようにたくさんの神学生が歩き回っているところを、本当に子どもらしい目をしながら、「オー、オー」と叫んでいつまでも窓から眺めていた。

七月二十一日、また別の司教がベルナデッタに会いに来て、天国について質問した。「お前は、幾分か天国の体験をしただろう」と言うと、「いいえ、私は何も知りません。学問がないものですから」とベルナデッタは答えた。すると、この司教も、モンペリエの司教と同じようにとても感激して、信じて帰っていった。この二人の司教は、タルブのローランス司教のところへ行って、自分たちのベルナデッタとの出会いについて報告した。そして是非、何か地元の司教として発表してもらいたいと頼んだ。その結果、七月二十八日にタルブの司教は、調査委員会を設置するという司教の条例を書いたのである。

七月二十八日、フランス皇太子の家庭教師であるブルーワー夫人が、自分の子どもたちと一人の司祭、一人のシスターと一緒にルルドに来た。この貴族の夫人もベルナデッタと話したいのであった。一緒に来た司祭が、まずベルナデッタに質問した。

「聖ヨセフの妻であった聖母マリアは指輪をしていただろう？」

「いいえ、神父さま、指輪はなかったです」

シスターはベルナデッタに、洞窟まで案内してくれるように頼んだが、断られてしまった。

「できません、できないんです。洞窟に行くのを禁じられていますから」

しかし、洞窟への案内人を見つけることは簡単であった。ルルドの出来事を信じている人たちは、むしろそういう機会を待ちかまえていのである。しかもそのうちの何人かは、立入禁止になっている洞窟に、このようなフランス皇帝に近い人が来たことを喜び、早速、町役場の用務員カレーを呼び出し、彼を立会人にするように計らってしまった。おそらく、カレーも困るだろうと考えながら……。

昼寝しているところを起こされて洞窟にやって来たカレーは、立入禁止の札の前で祈っているブルーワー夫人を見て、自分がなんだか罠にかけられているように感じた。用心深くいろいろと質問をしたが、罰金は決めなかった。訪問客の身分を聞き、「夫をなくしたブルーワー夫人、フランス皇帝の子どもの家庭教師、それに一人のシスター」と真似できないほど下手な字で手帳に書いた。彼にもメンツがあるので、別の場所から柵を越えて洞窟に入ると、置いてあった花束を取り上げ、ガブ川に投げ込んだ。これは彼の毎日の仕事の一つである。この仕事はあまり嬉しくはないが、少なくとも体裁を整えるのに役立っていた。貴族のブルーワー夫人は、用務員カレーの困った顔を見て、もっと困った顔を見たくなった。「お願いです。この蛇口から出る水を汲んで、この瓶に入れてくださいませんか」。カレーは喜んで瓶に水を入れた。さらに洞窟の柵の内側から芝といくつかの石をとってきて、夫人に差し出した。しかし、同行のシスターがカレーに差し出した五フランは受け取らなかった。夫人は、夜、カレーのいないところを見計らって、彼の家にお金を置いて帰った。

夫人がお祈りをしている間に、当時最も有名であったフランスのカトリック新聞「ユニヴェル」の編集者、ルイ・ヴィヨー氏がやって来た。カレーが手帳にこの新聞記者の名前を書き込むと、この記者は「ここで人が祈るのを禁止するつもりか」と反問した。記者は町へ帰り、薬剤師のパイアソンのところにベルナデッタを呼んで、いろいろ話を聞いた。ポミアン神父が方言から訳しているうちに、彼はインタビューを進めてしまった。特に、「秘密」のことに関しては、しつこく問いただし、ポミアン神父が「そんなことは聞かないでほしい」と言ったが、記者は耳を貸さなかった。もちろん、ベルナデッタも答えなかった。

記者はとても感激し、「あの子は全く、何も知らないが、私よりもずっと立派な人物だ」と言った。そして八月二十八日、パリのカトリック新聞「ユニヴェル」の一ページ全部は、ベルナデッタのインタビュー記事で占められていた。

七月三〇日、有名な説教師で、まもなく司祭職を辞めてしまうことになるヤサント・ルワゾン神父が、ベルナデッタに会ってとても鋭い調査をした。また同じころ、信心深いイエズス会のネーグル神父もベルナデッタに会い、神学的な理論から、彼女が見たものは、悪魔であることを説得しようとした。しかし、これに対してベルナデッタはただ「悪魔は『あのお方』ほど美しくない」と答えるだけであった。この神学者によると、サタンが姿を隠す方法は非常に巧みだが、自分のすべてを美しく見せることはできない。人間の姿をしていても、どこかに動物的なところが残っている、という。

「足を見たかね？　足は隠れていただろう？」

「いいえ、足はちゃんと見えていました。とてもきれいでした」

「手も見えたのか？　手はおそらく陰に隠れていたろう？」

「いいえ、私は手も見ました。とてもかわいらしい手でした」

そのとき、ベルナデッタは自分に付き添っていたアントワネット女史に

「もう帰りましょう。この神父さまは何も信じないのだから」

と言った。アントワネット女史が伝えたこの話は、全くうそに聞こえる。しかし、二十年後、ネーグル神父は、当時は、ベルナデッタはサタンを見ているのだと思っていたと正直に話した。そしてネーグル神父は、イエズス会のクロー神父にあてた一八七八年九月十八日の手紙に「私は知っている。現れるときの悪魔は、ふつう動物の足を見せている。キリストの受肉の後、神は悪魔に人間の姿をそのまま取ることを許さない。悪魔はどうしても動物的なところをもって自分の存在を示してしまうのだ」と書いた。

他の訪問客は、ベルナデッタに対して「お前は地獄行きだ」と言ったり、あるいは神学的な難しい議論を持ち込んで煩雑な説明を求めた。しかし、ベルナデッタの答えは率直で簡潔であり、ジャンヌ・ダルクのように適切でもある。タルブのある説教師は尋ねた。

「マリアさまがお前に天国を約束したのだから、もう霊魂のことを心配する必要はないだろう?」

「神父さま、もし私が正しい生活をすれば、天国に行けると思います」

「しかし、正しい生活をするとはどういうことだろうか?」

「それは私が神父さまに言うことじゃないでしょ」

訪問客の中には、「マリアさまのほほ笑みを見せてくれないか?」と不可能なことを要求してくる人もいた。このような訪問客と話すとき、ベルナデッタには大きく不利な条件があった。その年の初めまで、彼女は山あいの方言しか使ったことがなかったので、フランス語は彼女にとって外国語なのである。ベルナデッタと訪問客の間には、わからないところもあったし、勘違いも起こった。しかし、ベルナデッタはそれに気づき、七月からはできるだけフランス語を使うようにした。しかし、ある新聞記者の話によれば、彼女のフランス語は間違いだらけであったという。この記者は、あらゆる方面からベルナデッタを調べてみた。

「フランスじゅうで、お前の話ばかり出ているんだから、嬉しいだろうね」

「私は全然気にしてません」

「でも、いくつもの新聞にお前の名前が出ているよ。それは聞いているだろう?」

「はい、聞いています」

「新聞を読んだ?」

「いいえ、私は字がほとんど読めないから」

「しかし、それを聞いただけでも嬉しいだろう?」

「いいえ」

新聞記者は自分でも認めているように、少しばかり彼女の虚栄心を刺激した。

「ベルナデッタ、私と一緒にパリに来ないかね? そうすれば三週間で金持ちになれる。私はお前を金持ちにしてあげたい」

「だめです。私は貧しいままでいたいから」

新聞記者の誘いは全くの無駄であった。

一八五八年十月五日、休暇中のフランス皇帝ナポレオン三世は、ルルドのことを耳にして洞窟の柵を取り外すように命令した。こうした皇帝の処置は彼の人気を高めるために大いに役立った。

司教調査委員会に出頭して

司教に任命された調査委員会が仕事を始めた。十一月十七日、ベルナデッタは初めて教会からの正式な尋問を受けた。委員会には四人の参事会員の司祭がいるが、ベルナデッタは全く平静で、確信をもって出ていた。彼女は全く躊躇《ちゅうちょ》せず、自分がはっきり覚えていることと、忘れてしまったことを区別できた。日付はだいぶ忘れていたが、聖母マリアに告げられたメッセージは、はっきりと覚えていた。しかし、ある点についてはどうしても、記憶にないところがあった。それは三月二日に、ご出現のお方から頼まれた例の行列のことである。ペラマール神父の怒りの結果、これについての記憶がすっかりどこかへ消えてしまったのである。これについてベルナデッタは次のようにだけ言った。

「私は行列についてご命令があったかどうか、確実には言えません。でも、聖堂を建てることについては、初めから間違いないと思っているし、今でもそう思っています」

一八五八年九月の半ばから、スビルー家の人々は牢獄跡の部屋を出て、ドリクというお菓子屋と飲み屋をしている人から一部屋を借りることができた。このドリクはスビルー家の遠い親戚にあたる。そのおかげで、スビルー家の人たちは、ベルナデッタを診察した三人の医師の忠告に従うことができた。三月四日にベルナデッタを診察した医師は両親に言った。「子どもたちに生きていてほしいなら、ここにいてはいけませんよ」

グラの水車小屋に戻る——一八五九年

一八五九年の初めに、グラの水車小屋が空いたため、ベルナデッタの父は再び水車小屋で働くことになった。父はまた自分の職業に戻ったので、人としての誇りを取り戻すことができた。そこへスタンデンというイギリス人の旅客が来たことがある。彼は四月十九日にベルナデッタに会った。このイギリス人の旅客によると、父親は誇り高い人間に見えたし、ベルナデッタは pretty looking girl（きれいに見える少女）だと書いている。ベルナデッタは幼いころからよく知っている水車小屋の動きについて、彼に詳しく説明した。

彼女にとって、小川のそばでいい空気を吸って生活できるのは、楽しいことであった。そのため、彼女の喘息もかなりよくなっていたようである。しかしスタンデン氏の話によると、彼が一番考えさせられたのは、町の人々が情熱をもって話している奇跡に対して、ベルナデッタが無関心であったことである。この若いイギリス人は、それらの奇跡のことをベルナデッタに話したが、行き過ぎたことの嫌いな彼女は、話を簡単にしてしまった。そして「この類の話の中に、本当のことは何一つありません」というのであった。

八月八日と十二日の間、疲れ切ったベルナデッタは、また喘息の発作を起こしてしまった。そのとき、二人の訪問客がいた。この二人は、ベルナデッタが寝ているそばで、長い時間をかけて、いろいろな質問をすることができた。のちに、彼らはこのときの会話を無断で書き残した。

「どうして洞窟へ行くのを禁じられたのか？」

「人が大勢いて私の後についてくるからです」

「今行かないのはどういう理由？」

「あの頃は、特別に引かれていたから……」

「引かれていたというと？」

「はい、あそこに引かれていたんです」

「だれが引いていたの？」

「知りません。ただ私は引かれていて、抑えることができなかったんです」

「今はもう引かれていない？」

「その通りです」

「そのときから、聖母マリアを見ていないのね？」

「全然見ていません」

「初聖体のときにも？」

「はい」

「初聖体を受けたのはいつだったの？」

「去年です」

「それじゃあ、今、洞窟に行っても、もうマリアを見ないんだね」

「はい、見ません」

この二人は、いろいろな面から秘密について聞いてみたが、失敗に終わった。ベルナデッタはほほ笑みながらも、やはり秘密についての質問には全く答えなかった。この訪問者の一人は、九月二十八日にもう一度やって来て、質問した。

「秘密のことをパパさまに申し上げるつもりはないの？」

「聖母マリアは、どんな人にも言ってはいけないと私に言われました。パパさまも人でしょう」

「しかし、パパさまはイエス・キリストの力をもっている方ではないの？」

「それはわかっています。地上ではパパさまはとても力のある方だけれど、聖母マリアは天国のものですから」

この訪問者によると、ベルナデッタは不思議な現象には全く無関心だそうである。

「特別な奇跡のようなもの、例えば、人の病気が不思議と治ったようなことは知っている？」

「そういう話は聞かされたけど、私は知りません」

訪問者が驚いて聞き返すと、

「私はじかに見ていないので、自分としては知らないと言ったんです」

そこで訪問客はさらに尋ねた。

「話によれば、あなた自身が奇跡に関係したことがあるそうだが、本当？」

ベルナデッタは笑って
「いいえ、そういうことは全くないです」

と答えた。

その年も、ベルナデッタを煩わす訪問客があまりに多いこと、喘息を治すために、ベルナデッタはコートレーの温泉へ二回行った。

日々の忙しさの中で

ベルナデッタは、とても忙しい毎日を送っていた。第一に家計を助けるため、アルマンティヌ・グラニエという人のところで、日中はよく子どものお守りの仕事をしていた。第二に家事を手伝い、長女としての役目を果たしていた。特にいたずらばかりするトワネットを監督しなければならなかった。第三に毎日思うように学校にいけないので、アントワネット・タルディヴァイユ女史のところへ行って勉強していた。第四に司祭館、病院、ホテル、個人の家などに呼ばれて訪問客の質問に答えなければならなかった。このベルナデッタの活躍は、巡礼を実現させるためにとても役に立った。

巡礼者が増えたので、当時、司教は設立した委員会の中でどのように巡礼者を迎えるかを検討していた。巡礼地として確固たるものとなるために、ベルナデッタの言葉は決定的な力をもった。ペラマール神父の手紙によると、ベルナデッタは、ご出現のことを聞く人に対して親切に説明した。信じようとする者を感激させ、反対する者を驚かせながら、説得することがよくあった。ポミアン神父の言葉を借りて言うと、「ベルナデッタそのものが、ご出現の事実の最も明らかな証拠」なのである。

しかし、彼女にとって、自分自身がご出現の事実の証拠であることは、苦労のもとであった。その苦しい状態から、多少なりとも彼女を救ったものは、どんな質問にもすぐに答えられる能力と、言葉の簡潔さであった。彼女は、聞かれたことに対してのみ答え、それ以上のことは言おうとしなかった。また、自分の答えへの反応には無関心であった。人を説得することを自分の務めだとは思っていなかったので、議論しようとはしなかった。議論しようとする人は、あきらめるしかなかった。ベルナデッタは、簡単に話を終わらせるのがうまいので、無駄な疲労を避けることができた。ベルナデッタのこの生まれつきの知恵と言葉の適切さは、彼女の賜物であった。

スビルー家にとって、このような生活は苦しくてたまらなかった。父の働く水車小屋はギリギリの経済状態になった。スビルー家の人々はあまりにも優しくて、訪問客を接待しすぎてしまうからである。そして、訪問客からの物品は何一つ受け付けない。相変わらず水車小屋へ仕事の依頼に来る人々にお茶やお菓子を出し、製粉代金の支払いはお金ができたときでいいよと言い始めていたほどであった。

6　ベルナデッタを保護した人々

――一八六〇年～一八六四年

ドミニケットの心配事

一八六〇年の夏の初め、ドミニケット・カズナーヴ女史は、ベルナデッタの置かれている状態を見て、たまらない気持ちになった。彼女はペラマール神父のところへ行って「お願いです。この子をこのまま、こんなに大勢の人々の中におかないでください」と言った。ペラマール神父も一八五八年の夏、病院付属の施設のシスターのところで生活してはどうかとベルナデッタに勧めたことがあった。そのとき、彼女は「神父さまの言うことはよくわかりますが、お父さんとお母さんが大好きだから、私は離れたくありません」と答えたのである。しかし今度は何とかしなければならない。病院付属の施設に補助金を出しているルルドの村長ラカデ氏は、ベルナデッタのために例外の措置として、彼女を費用の払えない病人として入らせたのであった。ベルナデッタはそこで生活していても、かなりの自由を許され、病院付属の施設と同じ建物にあるシスターの学校へ通って基礎教育を受けることができた。両親は、彼女と同じくらいに別れをいやがったが、いつでも「自由に」シスターと一緒に家に帰って来られると約束されたので、ようやく承知したのであった。

修道院に移る

七月十五日の日曜日、ベルナデッタは病院付属の施設に移った。そして、ルルドの土地を離れるときまで、ここがベルナデッタの住まいとなった。

ようやくベルナデッタは保護される場所へ来ることができた。これは必要なことではあったが、ベルナデッタの証言は今までほど自由ではなくなり、率直さも薄らいでいった。つまり、人々に囲まれて、自分一人でどうにかして答えなければならない状況ではなくなったが、今度は修道院の応接室でシスターに付き添われ、辱めるような言葉で紹介され、話さなければいけなくなった。というのは、ベルナデッタを預かるシスターたちが、彼女が傲慢にならないようにしていたからである。ベルナデッタは、訪問客からの感激と、シスターからの叱責とを、次々と交互に受けることになった。

またベルナデッタの金銭や贈り物に対する無私無欲も薄らいできたかのように見えた。ベルナデッタがいなくなってからのスビルー家では、この点においてもう少し融通をきかせることになった。一八六〇年十月、ベルナデッタがいなくなってから、新聞記者が一人やって来て、ベルナデッタの母に洞窟での九日間の祈りを頼み、その謝礼を受け取らせることができた。九日間の祈りのためには、母の時間が奪われ、他の仕事ができなくなるので、報酬を受け取ることは当然のことではあるが、ベルナデッタがいたら、記者がどんなに説得しても受け取らせることはできなかったであろう。しかし今は、ベルナデッタ自身も、その種のお金を貧しい学校のために受け取らねばならない。このことからもベルナデッタは従順を学び、自分を抑えることを学んでいた。ここへ来て、ベルナデッタには、自分の意志で決定できることは一つもなくなった。

ベルナデッタは自分の育った環境からも離れた。もう彼女は、学校の無償のクラスには入れないのである(このクラスには寄宿生は入れない)。つまり、ルルドのブルジョワジーのお嬢さんと一緒のクラスか、または、それほどブルジョワではないが月謝を払えるくらいの身分の子どものクラスしかなかった。彼女の希望により、この第二のクラスに入ることになり、生まれて初めて一年間続けて勉強できるようになった。しかし、今まであまり勉強したことのない十六歳のベルナデッタには、勉強は必ずしも楽なことではなく、時々失望することもあった。何度繰り返しても頭に入らないとき、彼女は「本をまるごと頭に入れられたらなぁ」と言った。裁縫のような、頭より手を動かすことなら覚えがよく、刺《し》繍《しゅう》なども上手であった。彼女は、遊びの時間は動き回り、いつも陽気で、小さい子どもたちの相手をして遊んでいたが、しばしば息切れがしていたという。

ベルナデッタの欠点

毎日ベルナデッタを見ていたシスターは、彼女の「欠点」である「頑固さ」に気づいた。日曜日のよい服に着替えさせようとしたとき、理由もないのに、シスターに逆らったこともあったし、実家に行きたいのに行かせてもらえないときは「約束をしていたではありませんか……」と口答えをしたこともあった。しかし彼女は、頑固さ、口答えを決して小さい子どもたちの前では見せなかった。また、自分に対する小さな不当な扱いに対しては感じやすかった。また目上が間違って他人を不当に扱ったときは、いつもその不当に扱われた人の味方をして守った。これらはベルナデッタの一つの弱さとされ、聖母を見た者として少しおてんばだと思われていた。

ベルナデッタのこの点が、のちの列聖調査のとき問題にされた。その点について一番大きな事件が、一八六一年の夏にあった。ベルナデッタのクラスメイトに、ジュリー・ガロスというとても元気がよく、勉強を助けてくれる十歳の少女がいた。二階の教室からは、苺《いちご》のあるきれいな修道院の庭が見えた。この庭に子どもが入ることは禁止されていたが、苺を摘んではいけないとはだれも言っていなかった。そこで、ベルナデッタは考えた。「そうだ、木靴を窓から投げてみよう」。そしてジュリー・ガロスに言った。「あなたは靴を取りに行って、ついでに苺を摘んできてちょうだい」

列福調査のとき、列福に反対の弁護士は、ラテン語で「この場合、間違いなく悪意があった。また間違いなく学校の規律を破った」とそのやり方の重大な過誤を指摘した。幸い、これは若いときの罪であり、後はその一生をもってありあまるほどの償いをすることができた。

また、シスター・ヴィクトリーヌの証言によるとベルナデッタは、おしゃれへの関心も少しあったようである。ある日のこと、ベルナデッタが自分のスカートを当時流行していたクリノリンのように広くしようとしていたという。当時、田舎の神父やペラマール神父は、この形のスカートを悪魔的なものだと言っていた。しかし当時、ベルナデッタは十七歳。彼女は時代に乗り遅れてはいなかったのである。当時はこれが問題にされていたが、現在ならむしろ当然のことだと言われるであろう。

このようなことがあっても、周りの人々みんなが認めていたことが一つある。ベルナデッタの神に対する深い尊敬、祈るときの真剣さ、自分自身とシスターに対する高い生活の要求であった。

シスター・ヴィクトリーヌは、ベルナデッタが妹のトワネットに本を読めるようになる勉強をしなくてもいいと言っているのを耳にした。シスターはこれを快く思わなかったので、ベルナデッタになぜあんなことを言ったのか聞いてみた。すると、ベルナデッタは「私たちの家族は、あまり勉強しないほうがいいと思うからです」と言い、それ以上の説明を拒んだ。なぜなら、ベルナデッタはブルジョワのお嬢さんたちが、安っぽい変な小説を買って、ミサのときにまで持っていって読んでいるのを知っており、妹がそうなることを恐れていたのである。しかし、シスターにそれを言ってしまったら、告げ口になってしまうからであった。

ベルナデッタが一番嫌ったことは、お金を手にすることであった。病院付属の施設に移りたてのころは、わざとよくお金を落としていた。また、ベルナデッタにお金を渡そうとする人がいると、彼女は怒ったような声で「どうぞ、献金箱のほうへ」と言うのであった。彼女はお金が自分の手に入るようなことがあれば、すぐに修道院長に渡すことにしていた。彼女は物事に全く執着せず、持っているものは喜んで人にあげてしまった。贈り物や個人の持ち物は、学校の寄宿生として、各自決められた引き出しに入れることになっていた。彼女の引き出しには、一本の小さな瓶に入ったぶどう酒が置いてあるだけであった。この物の少なさには、シスターも驚いてしまった。当時この地方で、ぶどう酒は薬だと思われていたので、この一本も両親が持って来たものであった。

ベルナデッタは喘息なので、医師にすすめられて嗅《か》ぎたばこを使っていた。この嗅ぎたばこが時々、騒ぎのもととなった。ある日、授業時間中に、ベルナデッタは周りの生徒たちに嗅ぎたばこをすすめた。すると、使ってみた生徒たちは次々とくしゃみをし始めたので、クラス中が笑いの渦となった。

彼女がいれば、そこは楽しい空気に満ちた。当時、あまりはしゃぐのはよくないと一部の人々は言っていたが、遊びの時間でも、聖母の会の後でも、ベルナデッタはいつもまじめな話を避けた。彼女は、遊ぶことや陽気さが好きであったし、また、自分が喜ぶよりも、他人を喜ばせることのほうが、はるかに好きなのであった。

しかし友だちが、聖母の出現の話を聞きだそうとすると、「お願いだから、勘弁して。たくさんの人たちに話さなきゃいけないから……」といつも断っていた。

皆が認めるベルナデッタの長所

ベルナデッタは、ベルナデッタを見つけようとしている人から、身を隠すのがとてもうまかった。彼女の信心は、ごくふつうのものであったが、戒めるべきところは一つもなかった。彼女は一人でいるときも、出現のときと同じようにいつもていねいに十字架のしるしをした。これだけでも人々は感激させられたものであった。

毎日の聖体拝領が認められていなかった時代ではあったが、ベルナデッタには毎日曜日の他に、何日かの平日の聖体拝領が許されていた。ただ、彼女は聖体拝領の前日には、午前零時までにドロップが溶けなかったらたいへんだと思ったので、いつも使っている咳止めドロップをやめていた。ベルナデッタは、念禱が少し苦手だったようで、自分でも「ああ、私には、黙想なんて、とてもできません」と言っていた。しかし、時間はかかったが、できるようになったそうである。

一番いやなこと

一八六一年の終わりに、初めてベルナデッタは写真を撮られた。小神学校の化学の先生であったベルナルド神父が、ペラマール神父から許可をもらって撮影した。神父は、ご出現のときのポーズと表情をするように頼んだが、ベルナデッタは「ご出現のお方が見えないのだから」と言って断った。それでも写真を撮る神父は、彼女の言い分を聞かず、どうしてもそうするように言った。おそらく神父は、病気がちのベルナデッタは長生きできないだろうと考え、写真を形見にしたかったのであろう。

ベルナデッタには、激しい喘息の発作が度々起こった。胸が圧迫され、息ができず、窒息死しそうになり、顔色が真っ青になってしまうのであった。この発作が最初に起きたときには、両親が呼ばれたほどであった。しかしこの発作が、ベルナデッタの一番の悩みであったのかというと違ったようで、発作の最中に「人の訪問を受けるよりは、今のほうが楽です」と言った。それまで、何百人、何千人もの訪問客に押しかけられ、たまらなくいやになったときがあったに違いない。特に遊びの時間に人が来ると、彼女はいやいやながら応接室へ行った。「応接室には、ベルナデッタを待っている二十人、三十人、時として四十人のお客がいました。ある日、ドアの前でベルナデッタが涙を流していました。私は『勇気を出して入りましょうね』と申しました」というあるシスターの証言もある。そして彼女は涙を拭いて中に入り、ていねいに挨拶してからお客の質問に答えていた。それが終わると、彼女は何事もなかったように遊びや仕事に戻っていった。

ベルナデッタにとって一番つらかったのは、聖女の扱いを受けることであった。聖女扱いされるような特別なことは何もないのにと、彼女は思っていた。人々は、ベルナデッタに触ってもらうために、ロザリオやその他の信心道具を持ってやって来た。ベルナデッタは「そういうことは、私には禁じられています」と言ったが、人々はあの手この手で何とかベルナデッタに触ってもらおうとした。例えば、偉い人たちでもわざとロザリオを落として、ベルナデッタに拾ってもらおうとしていた。それをベルナデッタは見抜き、つい親切を忘れてしまった。あるとき「拾ってください」と言われたが、「落としたのは私ではありません」と突っぱねた。またあるときには、後ろから近づいてきた女性が「彼女のスカートの端でも、ほんのちょっとでいいから、切ることができたら」と言った。これを聞いたベルナデッタは「みんな、なんておばかさんなのでしょうね」と言ったそうである。

ベルナデッタは字を書くことを覚えたため、もう一つ苦労が増えてしまった。それはサインである。一八五九年一月からサインを始め、当日は、意味のわからないお正月のお祝いの言葉を何回も書かせられた。それから彼女は、どこにでも書ける言葉を見つけた。それは「P・P・ベルナデッタ」。この略語は、何百枚ものご絵に書かれたのであるが、その意味は「ベルナデッタのために祈ってください」である。ロザリオに祝別をしてほしいと頼まれることもあったが、「私は司祭ではありません」とだけ答えていた。聖母マリアからの秘密については、毎日のように人々から質問を受けた。三人のイエズス会司祭から「もし、それらの秘密が言えないものであるならば、マリアからそれを言われたことは無駄ではないのか？」と言われると、ベルナデッタは「でも、私には無駄ではありません」と答えた。ある神父から「どうして聴罪司祭に言わなかったのか」と尋ねられると、ベルナデッタは「罪ではありませんから」と答えた。

最後の調査

一八六〇年十二月七日、ベルナデッタはタルブのローランス司教の前に出向くように求められた。最後の最も荘厳な調査のためである。無表情な司教と、いかつい顔をした十二人の委員が待つ委員会に、ベルナデッタは出た。書記のフールカード師は絶えずペンを動かしていた。一人の委員が、

「聖母マリアは、後光を帯びていたか」

と聞いた。

「後光？」

ベルナデッタにはその単語の意味がわからなかったが、説明を受けてから言った。

「マリアさまは柔らかい光に包まれていました」

「よく見えたのか？」

「はい、よく見えました」

「その光はご出現と一緒に現れてきたのか？」

「はい、それはご出現の前から出ていて、後まで少し残っていました」

もう一人の委員が

「聖母マリアが、お前に草を食べさせたというのは、どうも聖母マリアにふさわしくないような気がする」

と言ったところ、ベルナデッタは答えた。

「でも、私たちはみんなレタスを食べているではありませんか」

委員会が終わりに近づくと、委員たちはベルナデッタに、三月二十五日のご出現のときに、聖母マリアはどのように「私は無原罪の宿りである」という言葉をおっしゃったのか、できるだけ具体的に説明するようにと言った。するとベルナデッタは、立ち上がり、まず両手を差し伸ばし、その手を胸元で合わせた。彼女は、この動作を単純に何の飾りもなく行ったのであるが、そこには霊感のようなものが感じられた。

「高齢の司教の頬には、ふたすじの涙が見られた。委員会が終わっても、まだまだその時の感激を忘れられない司教が、一人の副司教に『あの子を見たかね』と聞いていた」(サンペ神父)。

一八六二年一月十八日、最後の委員会の後、十三カ月目に、司教は、司教教書を出して「私たちの考えでは、神の母、けがれのないマリアは実際にベルナデッタに現れたことを信じ……そこでこれを発表する」と声明した。このような判断に達するには、いろいろな理由があったに違いないが、少なくともルルドでの巡礼の霊的な結果、ルルドで行われた奇跡、そしてベルナデッタ自身の態度が、その裏付けとなったことには疑う余地がない。

ベルナデッタとその主治医

司教教書の後、まもなく、ベルナデッタは持病が悪化し、再び危険な状態に陥った。一八六二年四月二十八日、彼女は終油の秘跡を受けた。今度は本当に最期のように感じられた。聖体拝領さえできないほどで、やっとルルドの水とともに、ご聖体の一部分を受けさせることができたのであった。いよいよ最期なのか？　ところが、死にそうな者の顔が、突然、血の気を帯びてきた。ふさがれていた呼吸が自然になってきた。楽になったベルナデッタの頬にほほ笑みが浮かぶ。早く何か食べたい。早く起きて歩きたい。しかし、修道院長はこれを許さず、翌日まで待たせたのである。

翌日の四月二十九日、主治医のバランシー先生は、応接間でベルナデッタに会わせられたことにちょっと驚いた。それで先生は「ああ、そうか、私が持ってきた薬が効いたんだね」と言うと、ベルナデッタは「先生、お薬なんか飲んでいませんよ」と答えた。ルルドの町では、ベルナデッタがもう死ぬのではないかと心配していたのだが、治ったと聞くと、多くの人が「奇跡だ」と言ったが、実際のところ、喘息の場合には、こういうことはよくあるのである。ベルナデッタ自身は、奇跡だとは全く考えていない。「私がもし、もう一度病気するようなことがあったら、お医者さんにはくれぐれも気をつけるようにお願いします。先生からいただいた薬のために、死んでしまわないとも限りませんから」と言うのであった。

そのときになって、ルルドの司教が判断を下したので、ベルナデッタを尋ねる人たちは、奇跡を信じないということはできなくなった。しかし、相変わらずベルナデッタを困らせる質問が出された。ある神父は「もしタルブの司教さまが、あなたが間違っているという判断を下したら、どうしただろうか」と聞いた。それに対してベルナデッタは、「それでも私は見も聞きもしないとは、決して言わなかったでしょう」と答えた。

一八六二年、この年ベルナデッタには大きな喜びが与えられた。彼女の代父は、クリミア戦争の功によって勲章をもらい、休暇のためにルルドとモメールに来た。ベルナデッタはこの代父に初めて会ったのであるが、この「初めての時」は、同時に「最後の時」となったであろう。

ベルナデッタの一八六三年は、それまでと同じような学校での寄宿生活と、訪問客にしばしば会わせられる一年間であった。しかし、六月には特に印象深いアリクス神父の訪問があった。この神父は、有名な説教師で、話はうまいが、あまり深みのない世間的な説教師であった。しかし、アリクス神父は、ルルドに来て心からの回心をした。アリクス神父がこのことをベルナデッタに打ち明けると、彼女は「神父さま、そのお恵みをくださったのは、聖母マリアですよ、聖母マリアですよ」と繰り返し言うのであった。同じ一八六三年十月にはベルナデッタの第二回目の写真撮影が、ポーのヴィヤール・ペランという写真家によってなされた。

病院付属の施設

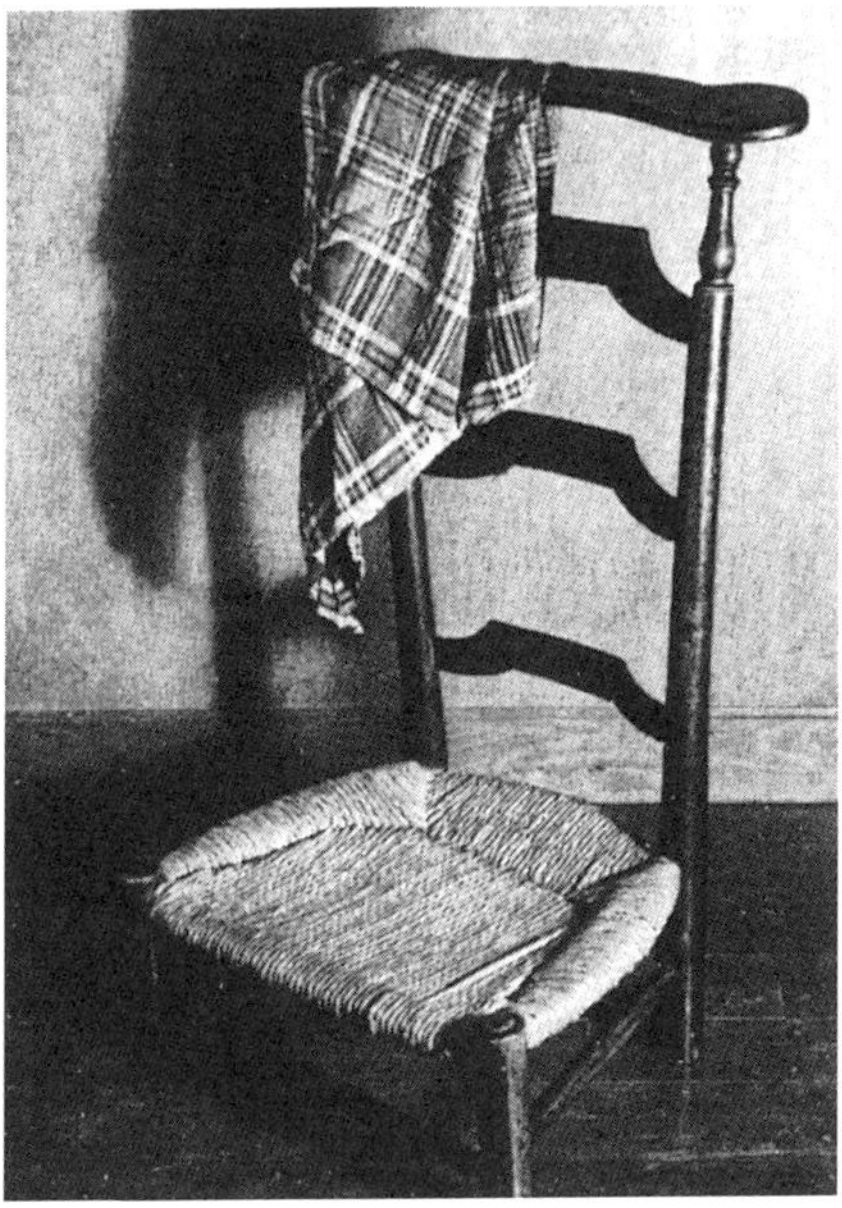

右の写真でベルナデッタがひざまずき台にしている

7　牧童と彫刻家

――一八六三年～一八六四年

次の出来事は、ベルナデッタが繊細で微妙な協力を要請されるものであった。リヨンに住む独身の姉妹ラクール女史たちは、ルルドの出来事に対してとても熱心であった。頻繁に来られるようにと、この地に別荘を造らせたほどである。彼女たちは、人々がどこからか買ってきてご出現の洞窟に飾った聖母マリアの御像の代わりに、有名なカラールの大理石で御像をつくらせ、それを置きたいと考えた。しかも御像は等身大のものにし、できるだけご出現のマリアの姿どおりにしたいと思っていたのである。ルルドの司教の同意を得て、リヨンの美術アカデミーの会員ジョゼフ・ファビッシュという彫刻家に依頼し七千フランの契約を結んだ。七千フランといえば、当時としては、かなりの大金であり、その上、種々の費用やルルドまでの旅費も負担する約束であった。ファビッシュ氏は本物の才能ある彫刻家であって、リヨンのフルビエール聖堂にあるマリア像やラ・サレットの聖母像などを制作した人である。

一八六三年九月十七日、ファビッシュ氏がルルドに着いた。早速、休み時間に校庭で遊んでいたベルナデッタが呼ばれた。ファビッシュ氏は専門家として見たベルナデッタの顔の印象を次のように語っている。「ベルナデッタの顔は、彫刻家の望むような真っすぐな線がないにしても、とても魅力的な何かがあった。その魅力というのは、尊敬を呼び、信仰を起こさせるようなものであった」

彼はすぐベルナデッタに共感したが、同時に心にはある恐れが湧いてきた。ラ・サレットの聖母の御像をつくるときには、聖母マリアを見た子どもたちの常識はずれな説明を、自分の考えで解釈する許可をもらっていた。しかし、今回の場合は、契約書にあるとおり、聖母マリアを見たベルナデッタの言うとおりにつくらなければならない。彼は神の審判と同じように深く信じている美術の原則に反するのではなかろうかと、不安なのである。

彫刻家は二十の質問を用意しておいた。この質問の紙は、今も残っているが、そこにはベルナデッタの答えも書かれている。

「マリアの体は真っすぐであったか、それとも多少前かがみであったのか？」

「真っすぐでした。でも硬さはありません」

「頭をかしげていたのか、それとも前に垂れていたのか？」

「頭は真っすぐでした」

「手はどんなふうであったか？　特にマリアが『私は無原罪の宿りである』と言われたときはどうであったか？」

　そこで彫刻家は次のように書いている。

「ベルナデッタは非常な単純さをもって、立ち上がり、手を合わせて天のほうへ目を上げた。これほど美しいものを私はかつて見たことがない。フェイゾレ、ペルジノ、ラファエロでも、これほど優しいものをつくったことはなかった。同時に全身を結核に悩まされているこの素朴な娘の目の深さは、どんな画家も描かなかったものだ。しかも、この娘は、自分に与えられた恵みの大きさについて、少しも意識していないのである」

　これこそ彫刻家ファビッシュが最初に受けたインスピレーションであった。契約に従いたいと考える彫刻家は、ベルナデッタと洞窟まで行ってみた。紙で模型を作り、それを穴の中に置いてみた。つまり、それによって、ベルナデッタに現れた聖母マリアの背丈や位置を確かめようというわけである。また彼は、聖母マリアがさまざまな姿で描かれているたくさんの絵をベルナデッタに見せた。「しかし……」と彫刻家は言っている。

「ベルナデッタはそれらの絵をあまりよく見ていなかった。ところが突然『聖ルカの聖母』といわれる聖母マリアの絵を見たとき、彼女はそれを指さし、この絵にはちょっと似たところがあると言った」

たまたまこの話を聞いた画家のピカソと作家のマルローは、とても感激した。しかし他の人々は「しかしベルナデッタは何かがあると言った後ですぐ、違います！本当に違います！と言う」と付け加えた。

一八六三年十一月、彫刻家は石膏で作った模型をペラマール神父に送った。ペラマール神父の手紙を見ると、ベルナデッタはかなり厳しいことを言ったことがわかる。「お顔が十分に若くなく、ほほ笑みが足りない。ベールは真っすぐ一直線に垂れていた。手がきちんと合わせられ、指も一本一本合わせられていた。左の足が少し離れすぎている」といった具合である。ベルナデッタが見たものと彫刻家のイメージとはあまりにも違っていたが、彫刻家の自由を尊重したいと思っていたペラマール神父は、彼に自由な創造性を発揮させるため、次のように書き送っている。「先生にとって、私の申し上げたいろいろな細かい事柄が参考になるかどうかはわかりませんが、しかし先生はご自分の才能と、聖母マリアからの御助けをもって、必ずすばらしいものをおつくりになると、私は確信しております」

彫刻家に対して、もっと厳しいことを言っていたならば、彼は非常に困ったであろう。なぜなら、彼はペラマール神父の返事を待たずに、最終的な大理石のものに着手していたからである。

一八六四年三月三十日、除幕式の五日前、箱に梱包されて御像が到着した。ちょうどベルナデッタは病後で、やっと起き上がって、勉強したり、遊んだりしていた。相変わらず学校でのベルナデッタは、小さい子どもたちと一緒に手を取り合って踊っていた。ペラマール神父が呼びに来て、パリのノートルダム寺院の有名な説教師であるオリビエ神父に彼女を紹介しながら、当時の習慣として、傲慢にならないように謙虚を促す言葉を浴びせた。ベルナデッタは二人の神父と一緒に、台の上に飾られた御像の前に立った。ペラマール神父が「似ているかね?」と聞く。輝く大理石像の前にオリビエ神父がいるが、ペラマール神父は心配そうに質問を繰り返す。

彼はよく知っているのである。牧童と彫刻家の意見があまりにも食い違っていたのを。ファビッシュ氏に出した、一八六三年十一月三十日の手紙で、すでに注意はしておいた。「先生がおつくりになる御像を見たとき、たとえどんなに感激したにしても、ベルナデッタはおそらくその通りだとは言わないだろうと思います。どうぞ悪く思わないでくださるようお願い致します」と。

従順になるようによく教育されたベルナデッタは、人が期待するような返事をしようと努め、「その通りです」と言った。しかし、嘘がつけないため、しばらく黙った後、残念そうに「いいえ違います。その通りではありません」と言ってしまった。御像で間違っていたのは、第一に聖母そのものの姿勢である。ベルナデッタによると、聖母マリアは単純そのものであり、全く無私無欲で、左右対称に真っすぐ立っておられるという。しかし、彫刻家は御像に威厳の態度を与えてしまった。また服やベールにたくさんの複雑なひだをつけたり、頭を少し後ろに傾け、あごを上げるような格好にした。これは彫刻家が天のものはこうあるべきだと思い込んでしたことであり、ベルナデッタは、聖母の頭は肩の上に真っすぐになっていたと強調した。ベルナデッタは御像を見て、「マリアさまは目を上げていたけれども、頭は上げていなかった。首のところに、妙なふくらみをつくってしまっている」と言って反発した。

彫刻家は、現れたマリアさまの身長が低いことも忘れてしまった。洞窟の上の穴が掃除によって大きくされたのを利用して、御像の身長を高くつくってしまったのである。御像は一・七メートルあったが、ベルナデッタの言うとおりにすれば一・四メートルぐらいのはずであった。また若さも守られなかった。アビラの聖テレジアも同じようなことを言っているのだが、ベルナデッタの話によると、聖母マリアはとても子どもらしい様子だったという。ジョルジュ・ベルナノスも、マリアは原罪なきゆえに「罪よりも若く、人祖よりも若い」と書いている。もちろん、彫刻家は誠実であり、ベルナデッタから彫刻家に何か一つ通じたものがあったのだが、それでも彼は自分の芸術家としての先入観を捨て去ることができなかったのである。「芸術は雄弁である」と彼はリヨンのアカデミー入りしたときの講演の中で述べている。雄弁はベルナデッタを裏切った。

ベルナデッタもペラマール神父も、除幕式に出られなかった。ペラマール神父は、ベルナデッタが人目を引く場所に出るのはよくないと考えていたし、彼女があまりにも率直に言いたいことを言うので、当日、御像について妙なことを言い出したらたいへんだという恐れもあったであろう。そして、神父自身も、除幕式の当日に突然病気になってしまったからである。

病気になったペラマール神父は、兄弟であるペラマール医師に診察してもらった。このとき、医師は、ペラマール神父にはお金がほとんどないにもかかわらず、三十五人もの貧しい人々の家賃を払わなければいけないことを知った。つまり愛徳の深いペラマール神父は、スビルー家のような貧しい階層の人々が、家から追い出されないようにいつも心を配っていたのである。

彫刻家も除幕式のときには、彫刻家として非常に悲しい経験をしたと言っている。下から見上げる御像は、どこから射すともわからない光線に照らされて、全く自分が思っていたような表情ではなくなっていたというのである。彼は昔の人のように色をつけることができないのは残念だと思い、そこで聖母の帯を青くしようと心に決めた。

実は、ベルナデッタにとっても、この日は自らの一生を決める大決心の日となった。

8　ベルナデッタの召命

――一八六四年四月四日の決心

一八六四年四月四日、ルルドの病院付属の施設の聖堂でのごミサの後、ベルナデッタは修道院長シスター・アレキサンドリーヌ・ロックのところへ行き、「院長さま、私は今になってやっと、どの修道女会のシスターになるべきかがわかりました」と言った。院長が「どこでしょうか」と聞くと、「院長さまと同じところです」と言った。「よろしい、司教さまにお話してみましょう」と院長は答えた。あるシスターは「その日ベルナデッタは聖体拝領の祈りの後、自分の召命の光を受けたのだと思います」と証言している。

時間のかかった決断

実は、この決心には、長い準備期間があった。一八五八年三月八日のある手紙によると、ルルドの村長はベルナデッタと、彼女の心のうちを明らかにするような会話をしたことがわかる。村長はベルナデッタに、裁縫を習うつもりなら役場が費用を出すと言った。これに対し、ベルナデッタは「ありがとうございます。でも、私はシスターになりたいのです」と答えた。村長が重ねて「今はそう思っていても、将来は考えが変わるかもしれない。待っている間に手に職をつけておいたほうがいい」と言うと、彼女は「いいえ、私の考えは変わりません。でも、父や母がそう望むなら、私は喜んで何でもします」と答えた。

ベルナデッタは最初から観想生活に引かれていた。伯母のベルナルドとバジールが、その点について証言している。ベルナデッタはバニエールにある、カルメルの修道院を知っていた。ベルナデッタの親友で学校の先生になったアントワネット・タルディヴァイユがこのカルメルの生活に引かれていて、一八五八年の春という早い時期に、情熱的にカルメルの生活についてベルナデッタに話したことがあった。アントワネットは、カルメルへ入りたいと思っていたのだが、健康が許さなかったので、シスターになれなかったことを残念に思い、手紙にはよく「スール・オーギュスタン」と修道名を書いてサインしていた。

ベルナデッタがバニエールのカルメルのシスターと話したことがあるかどうかは、よくわからないが、音楽家として、また、聖人として評判の高かったヘルマーヌ師に出会ったことがある。しかし、早くからベルナデッタは、アントワネット・タルディヴァイユと同じように健康がすぐれないのでカルメルには入れないことを知っていた。とても現実的な性格のベルナデッタは、そうしてカルメルを忘れ、カルメルから誘われても聞かないようにしていたし、他からの誘いがあっても同じように黙って聞くだけであった。

一八六一年ごろ、モメールで教師をしていた、いとこのジャンヌ・ヴェデールに自分の保護の聖人、聖ベルナルドに捧げられた修道会について話したことがある。そこでは徹夜や断食やむち打ち、苦行もしているから、自分も入りたいと言っていた。長いことそれは、厳律シトー会（トラピスト）のことだと思われていたが、ベルナデッタにとって「サン・ベルナール」とは、バイヨンヌのそばにセスタク神父がつくった、ベルナルディヌの修道院であったようである。ベルナデッタの望みを聞かされた創立者は、まず、健康のこと、そして他のことも気にして断ってしまった。他のこととは、大勢の人々が彼女を追いかけてくることであったようである。

このように断られても、ベルナデッタは修道生活への望みを捨てようとはしなかったが、実現できるかどうか、疑問に思うこともあった。健康の問題、貧しさももう一つの障害であった。つまり、当時の考えでは、持参金がないと修道院に入ることができず、スビルー家はとてもその持参金を出せる状態ではなかった。数人の証言では、ヌヴェールには、あまり引かれていなかったとも言われる。しかし、一八六〇年の十月以前に、ベルナデッタは病院の修道院長であったシスター・ウルスル・ファルデスと、召命について大切なことを話し合った事実がある。このとき、ベルナデッタは類まれな情熱をもって、この召命について院長に話をした。「修道院長さまが、私と一緒に薪小屋にいたとき、召命についてお話ししてくださったことをとても懐かしく思い出して考えています。よくその時のことが思い出されます。今でも修道院長さまが階段の向こう側にお座りになって、私がこちら側に座っている場面を思い浮かべることができます。時々あそこへ行くと、深い感銘を受けるのです」と話したのである。しかしその時にどういうことが話されたのか、全く語っていない。いちじくの木の下のナタナエルが、何を考え、何をしていたのかわからないのと同じように。

ポミアン神父によれば、ベルナデッタは十字架修道会にも入りたかったのだという。おそらく、ポミアン神父はこの女子修道会と関係があったので、導こうとしたのかもしれない。その修道会のシスターたちがベルナデッタを訪問したとき、シスターたちがベルナデッタに会のベールをかぶらせようとすると、ベルナデッタは怒って「こんなトンネルのようなものを私はかぶりたくない」と言った。聖ビンセンシオ・ア・パウロの愛徳姉妹会のシスターたちも、ベルナデッタに自分たちの会の帽子をかぶせたとき、全く同じ経験をしている。ベルナデッタの友だちが愛徳姉妹会に入ったお祝いがあり、そこへ呼ばれたベルナデッタは帰るときに言った。「今日はとても退屈だったし、長い一日だった。私は全く引かれていないのに、シスターたちが私に修道服を着せたりした」と。友だちが「でも、ベルナデッタ、そういうことがあったんだから、きっと召命が与えられるわよ」と言うと、ベルナデッタは「いいえ、全く逆」と答えたのである。

一八六三年、病院のシスターたちは、ベルナデッタに患者の看病をさせてみた。ベルナデッタの聴罪司祭ポミアン神父によると、これはベルナデッタにとって、とても大切な体験となった。ベルナデッタは特別に汚い身なりをしているお年寄りの看病をするように、愛をもって務めた。そうしているうちに、これこそ自分に与えられた使命ではないかと感じるようになってきたのである。

ベルナデッタに看病された患者の話がいくつかある。ある日、ボロをまとった大酒飲みの女性が、酔っぱらって火の中に落ち、ひどいやけどをしてしまった。ベルナデッタは笑いながら「これからはもう、こんな飲んべえになっちゃだめよ」と言いながら介抱したという。

ベルナデッタはいとこのジャンヌ・ヴェデールにそっと、こう話したこともある。「私は貧しい人が好きだし、病人のお世話をするのは特に好きなの。それでヌヴェール愛徳修道会にとどまることを考えているんです。ヌヴェールのシスターたちは、私に一人の病人のお世話をさせてくれるのだけれど、私の具合がよければ、私だけがこの病人のお世話をするんです。それで私はこのシスターたちのところにとどまろうと思っています」と。

しかし、相変わらず健康の問題、持参金の問題もある。それに、もう一つ、彼女が何もできないと言われ、毎日謙遜を促すための辱めを受けていたことがある。おそらく、これは彼女にとって生涯の問題であろう。当時、絶えず辱めを与えることが、人の心を傷つけ、害するものだということに、だれも気がついていなかった。

一八六三年九月二十七日、ヌヴェールのフォルカード司教がルルドに来た。以前、東洋の宣教師であったこの司教は、「ベルナデッタは、どうするつもりなのかね?」と将来のことを率直に聞いた。すると、ベルナデッタは「別に……」と答えた。

「別に、といっても、この地上にいる間は、何かをしなければならないだろう」

「はい、司教さま、それはそうですが、今のところ、私はシスターのところにいます」

「それはそうだが、この状態をいつまでも続けるわけにはいかないよ」

「できたら、一生ここにいたいのですが」

「そういうことを言うのは簡単だが、実際はなかなか難しいよ。お前は愛徳のためにここに迎えられた。ここにいつまでもいられると思うのは間違いですよ」

「司教さま、それはどうしてでしょうか」

「それは、お前がシスターではないからだよ。いつまでも一つの修道院にとどまるためには、シスターでなければいけない。しかし、お前はここで雇われているのでもない。つまり、お前はここにいる何の資格もないわけだが、ではどうする気かと聞くと、別に、と答える。そういう考えでは、どこへ行っても長続きはしませんよ」

司教はそう言って、しばらく沈黙していたが、やがて口を開き、

「お前ももう子どもではないでしょう。多分、そのうち世間に出て、何とか落ち着いて生活できる場を見つけたいと考えているのではないかね？」

「そんなこと全然考えておりません」

「それなら、どうしてシスターになろうとしないのかね。それについて考えたことはないのか？」

「考えましたが、不可能なんです。司教さまもご存じのとおり、私は貧乏です。できません」

そこで司教は安心させるために言った。

「持参金がなくても、本物の召命があると認められれば、修道院に入る道はありますよ」

しかし、ベルナデッタは反問した。

「持参金がなくても入れるとおっしゃいますが、それは、おそらくとても頭が良くて、手先が器用で、役に立つ人のことでしょう。私は何も知らないし、何もできない者です」

それを聞いて司教は言った。

「今朝、私が見たところによると、お前には何かができる、ということを確認できた。それはね、にんじんの皮をむくことだよ」

それを聞いて、ベルナデッタは笑い出してしまった。

「そりゃあ、当たり前です、司教さま。簡単なことですもの」

「それはそうだが……、もし修道院に入れば、お前のための仕事が見つかると思うし、また修練期の間には、欠けている勉強もかなりさせられると思う」

ベルナデッタは最後に答えた。

「そうですか、それなら、考えます。けれどもまだ、私は決心してはおりません」

ヌヴェールの司教に会ってから、数カ月間、ベルナデッタは司教に言われた言葉をもとに、いろいろと考え、思いめぐらしていたようである。

一八六三年から六四年の冬、彼女の健康に多少の変動はあったが、いくらかよくなっていた。ベルナデッタが、ヌヴェールの愛徳会を高く評価していた点は、彼女の入会に対して、その会のシスターたちが、とても控えめであったということである。自分のところに是非来なさいと言う他の会のシスターたちとは違っていた。のちに、ベルナデッタは「ヌヴェールは、私を引っ張ろうとしなかったので、行くことに決めたのです」と語った。つまり、一八六四年四月四日の決心は、突如として与えられた霊感の結果ではなく、だんだんと熟してきた果実のようなものであったと言える。

ベルナデッタの休暇——一八六四年十月四日〜十一月十九日

この年の秋は、ベルナデッタに思いがけない幸福をもたらした。生まれて初めての、家族と共に過ごす最初で最後の休暇であった。一八六四年十月四日、ルルドに父親と来たいとこのジャンヌ・ヴェデールは、ベルナデッタをモメールまで連れていこうと考えた。ペラマール神父もこれを許した。モメールはこの神父の出身地であり、医者をしている兄弟も住んでいる、とても懐かしいところである。そのため、二、三日のモメール滞在の許可が出たのであるが、ベルナデッタは七週間もとどまることになった。ペラマール神父がモメールに立ち寄り、医者をしている兄弟に「もしモメールにいたければ、しばらくいてもいい」とベルナデッタに伝えるように頼んでいったからである。

もちろん、ここでも、ベルナデッタは好奇心を向けられたことは言うまでもない。来たばかりのころ、彼女はいとこのジャンヌが教えているクラスに出て静かに話を聞いていたが、人々がベルナデッタを一目見ようとぞろぞろやって来るので、授業がうまくいかなかった。ベルナデッタは、家で静かにしていることを余儀なくされたが、この家庭での生活を彼女はとても気に入っていた。いとこの一人によれば、とても陽気なベルナデッタは、そのいとこと冗談を言い合うのが好きであったという。

タルブで小さな出版社を経営しているデュフール氏がモメールにやって来た。彼は同業者のヴィヤール・ペランが前年にベルナデッタの写真をたくさん撮影したので、負けずに自分も撮影しようと思っていた。デュフール氏はすでにルルドの絵を販売し、同じ年の初めにルルドの病院や洞窟の前で、ベルナデッタの写真を撮影した。このようなものがよく売れるので、彼は新しいものを作ろうと、ベルナデッタの写真を再び撮影したいのであった。そのため、司教のもとまで出向き、許可を受けていた。ちょうどベルナデッタが休みをとっているときであったので、もっけの幸いとばかり、彼女をタルブのアンネというスタジオに連れていって、十六枚もの写真を撮影した。

ベルナデッタにとって、さしたる変化もないこの休日の生活は、つらいこともなく、退屈でもなかった。彼女には、内的な生活があったからである。いとこのジャンヌによると、ベルナデッタは自分が作った生活の規則を忠実に守って毎日ミサに与り、一週間に三回(日・水・金曜日)に聖体拝領していた。また毎日、聖体訪問とロザリオを欠かさなかった。ベルナデッタが祈っているときは、あまりにも信心深く、潜心していて、脱魂状態ではないかと思われるほどであった。

父フランソワ・スビルーは、数回会いに来た。バルトレスのときと同じように、長女が家にいないことが我慢できないのであった。モメールでとても幸せな日々を過ごしたベルナデッタは、ようやく父と共にルルドへ帰ることになった。父は娘があまり遠くないところにいてほしかったのである。

いとこのジャンヌとベルナデッタは、前々からお互いに打ち明け話をしていたが、このときも二人とも考えていた修道生活の召命について話をしたようである。ベルナデッタが決心した四月四日にも、そういう話は交わされていた。ジャンヌ・ヴェルデールの場合、家族が反対していたため修道院に行かれなかった。ジャンヌはカルメル会に入りたかったのであるが、父親はどうしても観想生活に入ることを許さなかった。ジャンヌはついにあきらめたが、あることを考えていた。それは、まず聖ビンセンシオ・ア・パウロの愛徳姉妹会に入り、後でカルメル会に移るという方法だった。それを知ったベルナデッタは言った。「そんなことはしないで、今は家にいたほうがいいと思う。その方法は、人も神さまもだますような気がする。神さまをだますなんて、絶対にできない。修道生活に引き寄せてくださるのは神さまだよ。後で別の修道会に移るつもりなのに、とりあえず違う会のシスターになるという考えを、神さまはお与えにならないと思う。しばらく待ってみなよ。きっと聞き入れられるよ」

またベルナデッタは、モメールでジャンヌに「もう少ししたら、一番の障害であるものが取り除かれる」と言ったという。ジャンヌにとって一番の障害とは、彼女の代母のことであった。この代母はジャンヌの修道院入りに反対していたのであるが、病気になり、ベルナデッタがルルドに帰ってから四日目の十一月二十三日に亡くなった。

志願期

ベルナデッタがモメールへ出かけていったときには、同じ年の四月四日に出しておいた入会志願書への回答をまだもらっていなかった。ヌヴェールで、会の総長メール・ジョゼフィーヌ・アンベルがためらっていたからである。総長は、恵みを受けて有名なベルナデッタが修道院にいたら、その全体の雰囲気を壊すことになりはしないかと恐れていたのである。逆に修練長のメール・マリー・テレーズ・ヴォズー（以下メール・マリー・テレーズ）は賛成で「私にとって、聖母マリアを見た『目』を見るのは、一生の間で最も大きな幸福になる」と言った。司教は、時運のすすめによって、ベルナデッタが出した願いを伝えた当事者であるだけに、許可するように指示していた。

一八六四年十一月十九日、ルルドへ帰ってきたベルナデッタは、とうとう待っていた返事を受け取った。ベルナデッタの願いは受け入れられた。ベルナデッタが両親にこれを伝えに行ったとき、彼女はとても幸せそうだったと、弟のジャン・マリーは言っている。すぐにでも、志願期を始めてよいのであるが、十二月初めから一月の終わりまで彼女は病気になってしまった。やっと二月の初めに起き上がることができたのである。

病み上がりのベルナデッタに、もう一つ悲しいことがあった。一八五五年ごろ、お乳を飲ませに畑にいる母のところへよく連れていった弟のジュスタンが、死んでしまったのである。かつて暗くじめじめした牢獄跡の部屋を訪ねた医者が「ここにいつまでも住んでいると、子どもたちはみんな死んでしまうよ」と言ったとおりになった。

結婚の話

三月五日、ベルナデッタと結婚したいという人物が現れた。この青年は、ベルナデッタのことが好きで、前年の四月二十日にも姿を見せている。名前はラウル・ド・トゥリックビルといい、ナントの医科大学でインターンをしている。彼はローランス司教に手紙を出した。「私にとって一番良いのは結婚することだと思いますが、ベルナデッタと結婚したいのです。もし彼女との結婚が許されなければ、世間から離れて孤独な場所で死ぬ恵みを神さまにお願いするつもりです」

果たしてベルナデッタが、これについてどういう意見をもっていたか、また彼女が例の手紙を見たかどうかは知られていない。しかし、青年自身の言葉によると、司教はこの願いが全く不謹慎なもので、聖母マリアのお望みに反することだと答えたそうである。しかし、どうしてもベルナデッタに心引かれているこの青年は、彼女がヌヴェールで修練期間を過ごしている間に、もう一度フォルカード司教に願いの手紙を出したと伝えられている。

一八六五年の二月から、ベルナデッタはルルドの修道院で志願者となり、一八六六年四月に修練期に入る願いの手紙を出した。

入会が遅れる

一八六六年四月二十八日、ベルナデッタはもうすぐ参りますと告げたが、タルブのローランス司教は、聖母マリアがお望みになった聖堂の地下道がもうすぐ出来上がるので、その落成式にベルナデッタも参加してもらいたいと考えていた。そのとき、ルルドの修道院長シスター・アレキサンドリーヌは書いている。「ベルナデッタは早くここを出ていきたかったのですが、司教さまは洞窟のことを考えて、もうしばらくルルドにいてもらいたいようです。院長さまたち、どうか、お祈りをお願い致します。はやく修道院に行けるように。なぜなら、ベルナデッタはここにいる間、私たちがいるのにも関わらず、他の修道会から来ないかと誘われるのです。そこで、彼女が傲慢にならないようにと心配しているのです」

ベルナデッタは落成式に参加し、もう一つの聖母のお望みであった最初の公式の行列に参加することもできた。これは彼女にとって大きな喜びではあったが、やはり辱めを受ける機会にもなったのである。五月十九日から三日間の祈りが始まったが、ベルナデッタは目立たないようにするために、いつもと違う服を着させられ、他の聖母会員の中に隠された。その帰りに、いとこのジャンヌは、モメールの人々がベルナデッタを見たいというので、病院付属の施設の庭に連れてきた。多くの人たちが集まってきて、口々に「なんてきれいな聖人！」「なんと美しいおとめ」「幸せねぇ」などと言った。

夕方になると、また病院付属の施設の前に大勢の人々が集まってきた。彼らが無理に中に入ろうとするので、どうしてもベルナデッタを見せなければならなくなった。そうしないかぎり、この人々はいつまでも帰りそうになかったのである。

ベルナデッタは、ある期間、渡り廊下を歩かされることになった。さらに、そこまで入ることができた人々は、ベルナデッタに触れようと思い近づいて来るし、手で触れてもらおうとロザリオなどを差し出した。いとこのジャンヌによれば、ベルナデッタはこう言っていたという。「どうしてこの人たちは変なことを望むのでしょうか。洞窟へ行って、洞窟に自分たちのロザリオを触れさせればいいのに。私のじゃまをしないでほしいのです」。また、「私のことを不思議な見せ物のように思っているのでしょうか？　まるで太った牛のように人目にさらされているんですもの」

やっとローランス司教は、ベルナデッタがヌヴェールに行くことを許した。しかし、ベルナデッタは、またもや出発を待たねばならなくなった。それは、彼女と同行する予定のレオンティーヌ・ムレという志願者の父親が原因であった。その父親は、まだ娘が十七歳であることを理由に修道院に入る許可を出していなかったのである。一八六六年五月二十六日、ベルナデッタはレオンティーヌの父親に手紙を出した。その手紙を読んだ父親は感動して、やっと許しを出したのである。

家族との別れ

一八六六年の春、いよいよお別れの時が来た。ベルナデッタはルルドの近くのポー市に連れていかれた。彼女が来ているといううわさが広まり、あまりにも多くの人々が集まったため人の整理を頼むことになった。六月二十五日、ベルナデッタはローランス司教に挨拶をするためにタルブへ行ったのであるが、司教は堅信の巡回のため留守であった。会えなかったかわりに、彼女は手紙を書いて置いてきた。

また、バニエールというところのヌヴェール会の修道院長が、かねてより是非ベルナデッタに会いたいと望んでいたので、ルルドの修道院長が、特別なことは一つもしないという条件付きで、ベルナデッタを連れていった。ベルナデッタは、ご出現のころ時々訪問していたハンディキャップのあるジャン・マリー・ドゥセのところへ挨拶に行った。彼は、一八五八年の秋、ピケの農家からブリエの農家に移っていた。十五歳になっていて、出版社経営のデュフール氏のため、ご出現の絵や、ベルナデッタの絵に色をつける仕事をしていた。彼はベルナデッタの訪問をおもなテーマとする挿絵のような日記を書いていた。

ある写真家は病院付属の施設に来て、修道院のシスターと一緒にいるベルナデッタの写真を撮った。私服で二枚、修道服で一枚、そしてもう一枚は、聖母会員と一緒に撮った。ベルナデッタがでかける二日前の七月二日は、さらにもう一人の写真家が、前々から司教に頼んでいた許可をやっともらって、ベルナデッタだけの写真を三枚撮ることに成功した。しかしほかにこの写真家が撮ったベルナデッタの家族の写真は、出来栄えがあまりよくなかったせいか、誰も保存しておかなかったようである。この写真家は、自分の撮影した写真をベルナデッタのところへ持参し、無料で差し上げたいと申し出たが、彼女はこの申し出を断り、こう言った。「いいえ、私はお金を出してそれをいただきます。無料でいただいたのでは、本当に私のものにはなりませんから」

ベルナデッタは親しい友達に写真を贈ったり、病院の自分の小さな引き出しにあったいろいろな小物も人に配ってしまった。そして、洞窟へ最後のお別れに行った。彼女にとって言いようのないほどつらい時であったが、のちにいろいろな人が述べているような、行き過ぎた感情表現はしていない。伯母のバジール・カステローはベルナデッタと一緒に最後の晩を過ごし、また出発の前にもう一度会ったが、彼女はこの最後の訪問について次のように言っている。「ベルナデッタが最後のお別れに洞窟へ行ったとき、私は一緒ではありませんでした。洞窟から離れることがとてもつらかったことは知っていますが、ベルナデッタが非常に勇気を見せたことも知っています」

七月三日の晩、カデラの水車小屋のところに、家族全員が集まっていた。別れたのは、夜の十一時ごろであったが、その時代にそんな遅くまで起きていることは不思議なことであった。しかし、水車小屋の持ち主はこう証言している。「私たちが家を出たとき、大勢の人が集まって待っていました。ベルナデッタが現れると、みんながそばに寄り、最後のお別れを惜しむように彼女に触れていました」

ベルナデッタとルルドの修院長シスター・アレキサンドリーヌ・ロック（1863年）

父　フランソワ・スビルーとベルナデッタの弟（1863年）

明くる日、近い親戚だけは、最後の挨拶のため病院付属の施設のほうへ行った。父のフランソワ、すでに病気にかかっていた母のルイーズ、ベルナルド、バジールの二人の伯母。ベルナデッタは、修道院長のすすめで受け取らざるをえなかった贈り物の青い服を着て待っていた。自分の持ち物すべてが麻の大きな袋（虹のようないろいろな色の縦縞模様）に入っている。しかし、その他に、当時は、修道院に入るとき、一生使える分のシーツや下着を持参するしきたりであったので、お嫁に行くときと同じような大きなトランクが手荷物として駅に出されていた。そのときちょうど六歳であった弟のベルナールは、のちに「私たちはみんな泣いていた。私もどうしてだかわからないが、他の人の真似をして泣いていた」と言ったが、伯母のバジールは「私たちはみんな泣いていたが、彼女はそうではなかった」と言った。ベルナデッタは言っていた。「まあ、泣くのは困ったことね。私はいつまでもこっちにいるわけにはいかないのよ」

ルルドよ、さようなら

タルブの駅で、バニエルからのもう一人の志願者と一緒になった。伯母のベルナルド、妹のトワネット、修道院長のシスター・ヴィクトリーヌが、ここまでベルナデッタを送ってきたが、この駅でお別れになった。ルルドとその山々が次第に遠くなって行った。もう少し行った駅には、ベルナデッタとともに志願者になるレオンチーヌ・ムレのお父さんと大勢の人が集まり、最後の挨拶を交わしていた。集まった人々はムレ氏とレオンチーヌの友人であるが、彼らも是非一度ベルナデッタを見たいと言う。その望みに応えるため、ベルナデッタは汽車の窓から顔を見せた。しかし、汽笛が発車の時を告げた。別れの時が来たのである。最後の涙、最後の挨拶が交わされた。将来の修道者を乗せた汽車は、ヌヴェールに向かって出発した。

ヌヴェールに出発する前のベルナデッタ　上の写真では修道服を着ていないが、
下の写真では着ている。

II

ヌヴェールにて

1866年 7 月 7 日〜1879年 4 月16日

9 ヌヴェール愛徳修道会での修練期

――一八六六年七月〜一八六七年十月

旅――一八六六年七月四日〜七日

ベルナデッタにとって、ピレネー山脈地方を離れて汽車に乗るのは、最初で最後の経験であった。今まで見たこともないさまざまなものを、強い関心をもって眺め、その感想をルルドの友だちに書き送っている。

「旅のことを皆さんに少しお伝えしたいと思います。私たちは七月四日の水曜日、午後六時にボルドーに着き、そして次の金曜日の午後一時までそこにおりました。ボルドーでの時間を、いろいろなものを見物するためによく用いたことを、皆さんに信じていただきたいと思います。それは馬車に乗ってのことなのです。私たちは、ボルドーにある会のすべての修道院を訪問しました。これは、ルルドの修道院とはだいぶ違います。アンスチチュシオン・アンペリアルという立派な学校などは、修道院というより、むしろ宮殿のように見えるのです。私たちは、ボルドーでカルメル会の聖堂も見ました。そして、そこから、舟を見るためにガロンヌ川のほうに行きました。植物園も見物しましたが、ここでは特別に珍しいものを見ました。いったい、なんだと思いますか？　赤と黒とねずみ色の魚でした。私が一番不思議に思ったのは、大勢の子どもたちが、この魚を一生懸命見ているのに、この小さな魚たちが平気で泳いでいたということです」

ベルナデッタは、自分が不思議な動物扱いされたことを、思い出しては苦しんでいた。しかし、もうそんな状態もじきに終わりを告げるであろうと希望をもっていた。そこで、自分の状態をこの魚の状態と比べ、アシジの聖フランシスコのような気持ちで魚に同情したのであろう。

七月六日、ペリグーというところに、一晩泊まることになった。そして翌日の土曜日、七日、朝の七時に出発し、同じ日の夜十時半、ヌヴェールの駅に着いた。ヌヴェールの駅には、ベルナデッタを含めて三人の志願者と二人の修道院長を迎えに来た馬車が待っていた。修道院の人たちは、もうみんな就寝した後で、ベルナデッタはほとんど何も見ずに、この大きくて静かな家で初めての一夜を過ごした。

ヌヴェール愛徳修道会・本部長上の前で

次の日は、七月八日、日曜日であった。午後一時、志願者および修練者は、集会室に集まった。また、本部修道院のシスター全員と、ヌヴェールにある他の二つの修道院のシスターたちも集まっていた。その理由は、ベルナデッタが沈黙生活に入る前に、最後の機会として、ご出現の体験を皆に聞かせることになっていたからである。ベルナデッタの生活に区切りをつけさせようという配慮から、修道院の習慣ではなかったが修道服をつけさせず、あちこちで売られている写真のために有名になったかぶり物の白いカピュレと田舎娘の私服のまま、彼女は皆の前で自分の体験を話すことになった。それにより、今までの世間での生活と、その世間での公の証しと、これから彼女が入ろうとする修道生活の隠れた世界との間の区切りをつけさせたかったのである。

司会は、ピレネー地方から来た修道院長と修練長である。きれいに磨かれた集会室の床と木の椅子には、三百人ものシスターが座り、入れるだけの人が入っていた。修練長はいつものように、ベルナデッタの謙遜を大事にしようと思って、そっけなく紹介してから、ベルナデッタに話すようにと促した。彼女は少し上気した様子で最初はルルドの方言を用い、次にフランス語を使って非常に低姿勢に話し始めた。自分が今まで何回も何回も話した順序を守りながら。

「私が初めて洞窟へ行ったのは、一八五八年二月十一日の木曜日でした。妹と友だちと一緒に薪を拾いに行ったときのことです。三人が水車小屋に着いたとき、私は他の二人に、ガブ川と水車小屋の水路が一緒になるところを見たいかどうか聞きました。すると二人は見たいと答えました。それで私たちは、水路に沿って行くうちに、もうこれ以上先に行かれないようなところで洞窟を見つけたのです」。その後、ベルナデッタは、風の音、あるいは青い帯をしめ白い服を着た婦人の出現のことを話した。二月二十五日の泥水の話になって、彼女が飲む前に三回捨てたと言うと、ルルドの修道院長が言葉をはさんで「こういうところからも、ベルナデッタにあまり償いの精神のないことがおわかりになるでしょう」と言った。するとマリー・テレーズ修練長は、もっと優しく「本当に償いの精神がなかったんでしょうかねえ、ベルナデッタ」と言う。これに対してベルナデッタは「でも、水があまりにも汚かったのです」と答えるだけであった。メール・マリー・テレーズは秘密のことを気にしていた。彼女は、修練者が全く隠し事をしないのが好きなのである。しかし、この点についてベルナデッタは何も言わない。

次にベルナデッタは、自分の召命について話すようにと頼まれた。その話の中で、他の修道会に誘われたときにかぶせられたいろいろなかぶり物についての話もさせられた。ベルナデッタが「そのいろいろな修道会の中には、無原罪の名前がついている会もありました」と言うと、メール・マリー・テレーズは「私たちの会こそ、無原罪の聖母に捧げられた初期の修道会の一つです」と付け加えた。

皆の前でこの証言をしてから、ベルナデッタは、志願者の修道服と特定のボネ（かぶり物）をつけてもらった。夕の祈りのときに、ベルナデッタを見ようと集まった多くの人たちは、四十二人のうち、どれがベルナデッタなのか、全くわからなかった。ベルナデッタ自身、はっきりと「私は隠れるためにここへ来た」と言っていたし、長上の考えも同じであった。しかし、サン・ジルダール修道院でしばしば鳴らされる鐘は、隠れることがそう容易ではないことを知らせた。

ホームシック

修道院の習慣に従って、あるシスターがベルナデッタの守護の天使をさせられた。これは、シスター・エミリエンヌ・デュボエという修練者である。ベルナデッタに新しい生活の知恵を身につけさせるために選ばれたのであった。故郷が恋しくなったベルナデッタは、その後入ってきたある志願者に話した。最初はとても退屈だったこと、家から手紙がきたときは涙が止まらなくなるので、一人になるのを待ってやっと手紙を見ていた。しかし、ベルナデッタは勇気とユーモアをもってこの試練に耐えていた。彼女はルルドに手紙を出した。「正直言って、レオンティーヌと私は、日曜日をずいぶん涙で潤したことを言わねばなりません。でもシスターたちは、それが本当の召命のしるしだと励ましてくれました」

新しい環境に慣れるために、ベルナデッタはいろいろな方法をとったが、あるシスターに言われて面白い遊びを思いついた。修練院の庭の中で、石ころを三つ拾って「これこそ私の愛する友です」と言って、人々に示した。その石の一つには、ルルドと書き、もう一つには洞窟、三番目には本部のヌヴェールと書いてあった。

ベルナデッタの慰めは、泉の聖母と呼ばれる聖母像の前に行くことであった。それは修道院の庭の奥の洞窟のようなところにあった。ベルナデッタはルルドの修道院のシスターにあてて「あそこへ行って初めて内心を打ち明けることができました。そして、その後、敬愛する修練長さまから、毎日あそこへ行くお許しをいただきました」と。ベルナデッタがそこに行くことを喜びとしたのは、ある人々が言うように、そのご像がルルドの聖母と「似ている」ということよりも、ルルドの洞窟を思い起こさせる戸外のすがすがしい空気のためであった。またそこにマリア像の心から迎え入れる姿、優しいほほ笑みを見出すことができたからである。ベルナデッタにとって、故郷を離れていることは、とてもつらかったようである。今まで一度も生まれた土地、山と人間味のあるビゴール地方の環境、そして特に彼女にとって、恵みの多い体験をした場所を離れたことがなかった。

これは「大きな犠牲」である。生まれてから一番大きな犠牲だと本人も認めている。しかし、彼女は心からこれを受け入れていた。

「ルルドでの私の使命は終わりました」

「どっちみち、ルルドは天国ではありません」

着衣式

七月二十九日、本部に着いてから三週間目、他の四十二名の志願者とともに、ベルナデッタは着衣をした。ナイトキャップに似た小さなかぶり物の代わりに、当時の会のベールをいただくことになった。着替えは式の最中である。志願者たちは、聖堂を出て香部屋に行き、頭に白い花嫁のベールを被って帰ってくる。そして、その代わりにフォルカード司教は黒いベールを与え、引き続き次のように唱える。

「新しい名前を受けなさい。あなたがこれから新しく受けるこの名前は、あなたがもうこの世のものではないということを思い起こさせ、あなたたちがイエス・キリストを花婿として選ぶことを望み、主のものとなるからです」

そのとき、司教はベルナデッタに新しい修道名を与えた。「シスター・マリー・ベルナール。主キリストが、神にかたどって造られた新しい人を身にまとわせ、真理に基づいた正しく清い生活を送る恵みを与えてくださいますように」（エフェソ4・24参照）

修練長は、ベルナデッタに霊名の保護の聖人の名前を残した。クレルボーの聖ベルナルド。しかし、それに聖母マリアの名前もつけた。修練長の説明によると、この人は聖母マリアの子どもだから、聖母マリアの名前をつけるのが当たり前だという。

着衣式の後で、修練者はフランス各地にある修道院に送られ、現場で教育を受けることになる。誓願を立ててからいろいろな共同体へ行き働くことは、各修道院のシスターたちを、若い人たちの養成に参加させるよい方法であったと思われる。しかし、その後、修道者聖省は、この方法を禁止した。

例外

ベルナデッタは本部にとどまることになった。病院や学校に行けば、開放された場所なので、好奇心にかられた多くの人がじゃまをしに来るのではないか。その意味で本部は、ベルナデッタを守るための最も良い砦ではないかと思われた。しかし、ベルナデッタにとっては、例外の対象とされることは、あまり面白くなかった。そのため、彼女はクレルモン・フェランという修道院に任命された一人の修練者、シスター・エミリエンヌ・デュボエに自分の心を打ち明けた。「本当は、何もしないでここにとどまるよりは、私も別のところへ行って働きたいと思っていました」

しかし、皆と同じ修道服がベルナデッタを守ってくれることは大きな喜びであった。特に隠れた場所となるベールは、大好きであった。ちょうどご出現のときのカピュレと同じようにミサの後の感謝の祈りをするとき、このベールを前に引っ張って、その中に顔を隠していた。

しかし修練期中は、わがままは何一つ許されない。修練長のメール・マリー・テレーズに、その方法はよくないと言われたが、ベルナデッタは「これは私の小さな家なんですもの」と答えた。これについて、彼女は全く悪いことをしている意識はなかった。ここに来たのは、隠れるためであったから。

臨終のときの誓願

一八六六年八月十五日ごろから、ベルナデッタは病室に入った。疲れただけだと思っていたが、九月になると喘息が激しくなった。完全に寝たきりで、下まで降りる許可も出なかった。看護補佐のシスター・エミリーは、ベルナデッタが一つも苦痛を訴えることなく、窒息しそうなのを見ていると、心配でならなかった。しかし我慢強いベルナデッタは「たいしたことはありません」と言うだけであった。急に変化があるといけないので、夜通しだれかがそばに付き添っていた。するとベルナデッタは、かえって看病をしてくれるシスターが眠れないのを心配して言った。「この長椅子で、どうぞお休みになってください。必要があれば呼びますから」と。

彼女はこの試練の中でも、完全に神に委ねていた。「神さまが送ってくださるのですから、私もそれを喜んで受けなければなりません」と言い、またあまりにも行き届いた看病への遠慮から、「貧しい人たちは、こんなに優しく看病してはもらえません」と言っていた。これは、ベルナデッタが無関心で何も望んでいなかったという意味ではない。

最初のうち、自分と一緒に修練に入ったレオンティィーヌ・ムレが看護室の手伝いとして来ることを、ベルナデッタはとても喜んでいた。看護師のシスターもわざとレオンティーヌを選んでいたのであった。しかし、しばらく経つと看護室に来るのは別の修練者に代わってしまった。

「レオンティーヌは病気になったのですか」とベルナデッタが聞くと、「いいえ、違います。でも、修練長さまが私にこの人を使わないようにと言われました」という返事が返ってきた。ベルナデッタはただ「わかりました」と答えただけであった。

ところで、ベルナデッタは、食事があまり進まないことを隠す術を知らなかった。朝食を持ってくるシスターに「ああ、あなたが持ってきてくださるものは、私の償いです」と言った。そして、後で何も言わずに、できるだけ全部食べるように努力していたのであった。あまりにも苦しくて口がきけなくなったときは、潜心した表情で十字架を眺めていた。そして、少し具合がよくなると、つとめて笑ったり冗談を言ったりした。またピレネーの方言で歌をうたうこともあった。すると、そばにいるシスターが方言がわからないので不思議そうな顔をすると、ベルナデッタは喜んで笑っていた。つまり、彼女は、苦しみとともに喜びを受け入れることができたのである。彼女は「そのすべては天国のためですから」と言っていた。

十月二十五日、状態が非常に悪くなってきた。聖母マリアの御像にろうそくが灯され、修道院付きの医師ロベール・サンシール先生は「もう今晩あたりあぶないでしょう」と言った。ベルナデッタと同じ病室に寝ていたシスターが、隣の部屋に移された。修練長のメール・マリー・テレーズは、ベルナデッタに死の準備をさせ、修道院付き司祭ヴィクトール・ドゥーズ神父は病者の塗油の秘跡を授けた。

ベルナデッタは間違いなくこの世を去っていくであろう。臨終の誓願をさせるのはならわしである。そのためには、司教の特別な許可が必要であるが、フォルカード司教はあいにく留守であった。夜の七時になって司教が帰ってきたとき、この許可を求められると、早速、司教はやって来た。司教は言った。「私はこの子の誓願を受ける名誉をだれにも譲りたくない」「病人は息が苦しくて、もう最期だと思わせるほどであった。喀血したばかりで、血でいっぱいになった洗面器がベッドのそばに置いてあった。それで、私は言った。『シスター、あなたはこの世を去っていくのだ。そして、あなたは誓願を宣立したいと言われた。私はこの誓願を受けるために来たのだよ』。すると、ベルナデッタは弱い声で『もう、とても私には、誓願文を読むことはできません。力がないのです』と言う。そこで私は『それは問題ではない。私があなたの代わりに誓願文を読むから、後であなたはうなずけばいいんだよ』と言った」

この貧しい単純な一言のアーメンによって、今後一生涯、愛徳修道会の中において、神にベルナデッタを結ぶ誓願が受け入れられたのである。これはフォルカード司教の記録として残っている。

「その後、総長は動かないでそのままベッドのそばに立っていた。死んだ後にまぶたを閉じてあげるためであった。しかし、司教が病室を出たすぐ後で、死にそうであったベルナデッタは笑みを浮かべながら総長に話しかけた。『私が今晩死ぬだろうと思って誓願を立てさせてくださったのですか。でも、私は今晩は死にませんよ』と」

そのときの総長の叱責の言葉について、のちにいろいろなことが言われたが、これについてもフォルカード司教の証言がある。総長は次のように言ったそうである。

「なんですか、あなたは。今晩死なないとわかっていたのなら、どうしてそれを言わなかったの。それに、こんな遅い時間に司教さままで呼んだりして。これはあなたの責任ですよ。あなたのために皆がこんなに大騒ぎしてしまいました。本当にあなたはわからない人ですね。もし明日までに死んでいなければ、誓願者としてのベールを取り上げますよ。そして、修練期のベールに代えて、あなたを修練院に帰しますからね」

これに対してベルナデッタは、「総長さまのお望みの通りで結構です」と答えたという。

これは、おそらく、司教が言葉をわざと固くしてしまったのであろう。司教はすでに、そこにはいなかったからである。この総長の言葉の中には、それほど深刻なことは言われておらず、かえってユーモアさえ含んでいるのではなかろうか。なぜなら、実際、ベルナデッタは誓願者のしるしであるベールと十字架を取り上げられてはいないのである。のちに彼女は、心の平和をもってこのことを仲間に告げた。ある修練者が、その新しいベールと十字架を見て、ベルナデッタに「あなたは泥棒ですよ」と言うと、ベルナデッタは「そうね、私は泥棒ね。でも、いくら言われてもこれは私のものだし、これによって私は会の者になったんだから、もうだれも私を会から追い出すことはできませんね」と言った。

教会法の規則に従って、臨終のときになされた誓願宣立は、病人が治れば無効になるが、会の顧問会が許したので、ベルナデッタに対して一種の約束をしたことになっている。これはベルナデッタを安心させる結果になった。ベルナデッタとしては、修道院に入ってからよく病気になったので、誓願が許されるかどうか心配していたからである。修道会もしくは総長は、安心させるためにベールと十字架も取り上げられなかったのであろう。

誓願式のときの十字架を人に見せながら、「私はこれを持っています。私はこうして手に持っています。これは私のものです」と言っていた。また「神さまは私を入れてくれなかったんですよ。門のそばまで行ったのですが、そこで『さあ、お帰り、早過ぎます、お帰り』と言われてしまったの」とも話していたし、また、あるシスターには「私はあまりにも悪い人間だから、神さまが受け入れてくださらなかったのよ」などと話していた。

しかし、このときベルナデッタは天国に入れられなかったが、母ルイーズ・スビルーは十二月八日、無原罪の聖母の夕の祈りが唱えられていた時間に、亡くなった。享年四十一歳。苦労と貧乏と九回もの出産で力を使い果たしていた。子どもたちも四人しか生き残らなかった。ベルナデッタはポミアン神父への手紙に書いている。「そのとき、私の感じた苦しみは何とも言えないものでした。母の病気のことを聞く前に、死んだことを聞かされたのですから」

試練のとき

一八六七年二月二日、ベルナデッタは完全に回復した。彼女は再び修練院に戻って来た。メール・マリー・テレーズが「だいぶお留守をしたのですから、一生懸命しなければだめですよ」、「シスター・マリー・ベルナール、これから試練のときですよ」と注意した。すると、賢明なベルナデッタは、ほほ笑みながら「修練長さま、あんまり急がせないようにお願いします」と答えた。あるシスターの証言が本当だとすれば、修練長は「ああ、帰ってきましたね。これからはあなたを棒で叩かなければ……」と言い、ベルナデッタは「叩くときはお手柔らかにお願いします」と言ったそうである。このように言われた修練長は、あまり快く思っていなかったと、ベルナデッタとともに修練期を過ごした修練者が証言した。

　ベルナデッタは、他の修練者と全く同じようであったが、規則正しさ、時間厳守、沈黙、特に他の人にないような立派な愛徳がその特徴であったと、シスター・ジョゼフ・カルデールは証言している。修練期のときの試練というのは、特別に厳しいものではなかったようである。シスター・スタニスラスは、次のように語っています。

「ある日、修練院の集会室で会憲が読まれたとき、シスター・マリー・ベルナールは修練長のそばに座って、修練長の前掛けを繕っていました。メール・マリー・テレーズは、読んでいる本の中に〈マリアさまがある時、牧童に現れた〉という記述があったので、『ねえ、あなた、聖母マリアは牧童に対していつもそうなさるの?』とシスター・マリー・ベルナールに聞かれました。それに対して、彼女はにこやかに『はい、そうだと思います』と答えただけでした」

　ある日、ベルナデッタあてに送られてきた聖ジェルメーヌ・クザンの御像が、くじ引きで当たった者に与えられることになった。そのとき、このくじの当たりを引いたのは、ベルナデッタであった。するとメール・マリー・テレーズは皮肉っぽい調子で「牧童が他の牧童の手に行くのは当たり前ですよ」と言った。

また別の日に、ベルナデッタは修練長の部屋の前で霊的指導の番を待っていたことがある。あるシスターによると、彼女はなんだか怖がっているようだったと言っている。しかし、メール・マリー・テレーズはベルナデッタを帰すときに「あなたが咳ばっかりしているので……」と言いながら送り出していた。そう言われてもベルナデッタはあまり気にしていなかった。

他のあるシスターによると「メール・マリー・テレーズとベルナデッタは、わりとよく合っていた」と言っている。「修練院の集会室で、みんながメール・マリー・テレーズを待っているとき、ベルナデッタは特別に喜んでいたようです。本当に幸せな顔をしていました。私たちが大好きであった修練長の母としての顔は、私たちを引き付け、私たちの心を包み込むほど温かいものでした」

「あるとき、旅から帰ってくる修練長を迎えるため、私たちは渡り廊下で待っていました。修練長が現れたとき、シスター・ベルナールは、その腕に飛び込んで、長い間母親から離れていた子どものようにしていました。後であるシスターが『シスター・マリー・ベルナール、修練長さまを見たとき、あなた夢中で飛び込んでいったのね』と言うと、彼女は『おっしゃるとおりです。自然と体が動いてしまったので、後で申し訳なかったと思いました』と言っていました」

これらの小さな証言を読むと、十九世紀の修道院の生活が思い浮かんでくる。当時の修練者は、とても若い人が多く、世間の経験も浅く、まだまだ母親離れできないうちに修道院に入って来たのである。従って、修道院には母親代わりの者が必要であった。その意味で修道院長の母親としての役割は、多数の者を対象とする神聖なものであり、たいへん大切なものとされたのである。

このような雰囲気の中で、二つのタイプの人間が出てくるのであった。多くの修練者は霊的幼児《おさなご》の道の中に、心の平和と調和を見つけていた。しかし強い人格の持ち主、つまり同時に会の伝統を守り、共同体の指導にあたるべきはずの人たちは、かえってアビラの聖テレジアのように、霊的母性の役割とその責任を果たすことによって、程度の高い調和に達することができた。当時の多くの女性は、家の中に住み、消極的な存在として、決定することも創造することも、支配することも、旅することも許されていなかった。しかし修道院では、もっとその責任を果たすチャンスを与えられる人がいた。難しいのは、責任を取れるほどの人格をもっていても、さまざまな理由でこの母性的な役割を与えられない者がいることである。そういう人たちにとって自分の人間としての可能性を発揮できないことは、大きな苦しみであった。

おそらくこれは、人間的に考えれば、ベルナデッタの場合である。ベルナデッタこそ、責任を取る者として最適であったが、特別な体験をしたため、人の中に完全に入れることはよくないと判断され、ずっと「保護される者」になってしまった。このような経緯で、ベルナデッタは人間としての可能性を全部は実現することができなかったので、多くの苦しみを経験した。早く亡くなったのもこのためかもしれない。

当時の試練といえば、隠れるために来たベルナデッタにとって、避けられない訪問もあったであろう。例えば、司教、ローマから来た人、修道会の恩人、あるいはタルブの司教に頼まれて、ご出現の歴史を書くために来たアンリー・ラセール氏などを、ベルナデッタに会わせないわけにはいかなかった。どうしてもベルナデッタを見ようとする偉い人を、ベルナデッタを見せずに追い返すことは不可能であった。そのためにさまざまな方法が考えられた。

時々ベルナデッタは、「ここと、ここを通って行きなさい」と言われ、妙なお使いを頼まれた。実は、その指定された道の隠れた場所に訪問客がいるのである。ベルナデッタには、それがよくわかっていたので、時々「これを持って行きなさい」と言われるだけのときは、別の道を通った。しかし一つだけベルナデッタにも気づかなかったことがあった。彼女が病室で寝ていたとき、司教が告解を聴きに来たことである。理由がわからず、ただこう言っていた。「おかしいわね、病気のシスターの告解を司教さまが聴きに来てくださるなんて……」

失敗

しかし、当時は、試練よりもむしろさまざまな楽しいことが多かったようである。ベルナデッタにはすぐに笑ってしまうところがあった。修練者としての失敗は笑う機会になる。

ある日、ベルナデッタは炊事場に行ってお湯を持って来るように言われたが、炊事場にはだれもいなかった。そこで、無断でお湯を取ってしまった。炊事係は、厳しいと評判のシスターで、そのときちょうど炊事場に入ってきた。そして大声で「なんですか、許可もなくお湯を取って！　あなたはそのお湯をもとに戻しなさい」。ベルナデッタには蛇口に水を戻すなんて、とてもこっけいなことに感じられたので、笑い出してしまった。炊事係のシスターは「ごらんなさい、あの子どものシスターったら、笑ってる。大人だったら泣くのにね」と言った。

リネン室に置いてある箱の中には、鏡が入っていた。ある志願者がリネン室にやって来ては、この鏡で自分の顔を見ていた。ベルナデッタは「あの志願者に、一つ教訓をあげましょうよ。この鏡に何か書いたら」と仲間のシスターに言った。このシスターが「鏡の顔よりも魂を眺めなさい」と書いた。この行為は、修練者としては行き過ぎであったので、修練長メール・マリー・テレーズが「だれがあんなことをしたのですか」と聞くと、ベルナデッタは「私がしました」とすぐに認めた。

また、シスターたちが食堂に集まっているとき、ベルナデッタは勢いよく丸切りのにんじんをフォークで取ろうとして失敗したことがある。固いにんじんは、皿を飛び出して床を転がっていったので、修練者全員が笑い出してしまった。あるシスターは「もう、私たちは、食べられなくなってしまうほどでした。食事が終わると、シスター・マリー・ベルナールが私に『さぁ、行きましょう』と言いました。意味がすぐわかったので、二人で修練長さまのところへお詫びに行きました」と言っている。

あるとき、ベルナデッタは、完全に破れてしまったコルネット（ベールの下につけている白い布）を直すようにと命じられた。あまりにも破れがひどいので、難しい仕事であった。ベルナデッタは看護師のシスターに「こんなのを繕《つくろ》うなんて、とてもできないわ」と言った。看護師のシスターは「心配しないでいいのよ。ここには包帯として使うために、それよりましなのがいっぱいあるから、一つあげましょう」と言った。しかし、ベルナデッタに仕事を命じたシスターは怒って、「私が直すように言ったのはこれではありませんよ」と彼女を叱った。修練院では、常識よりも従順のほうが大切であった。ベルナデッタを弁護しようとする看護師のシスターに、ベルナデッタは「私が悪かったんです。自分が言われた通りコルネットを直さなかったんですから」と言った。

しかし、彼女の本心としては、そのような方法は好きではなかったし、いつも自分に一番破れている服が与えられるということも、そんなに快く思ってはいなかった。「見てください。こんな破れた物ばかり、私に来るんです」と彼女が言うのを聞いたあるシスターは、「あなたがこれほど徳がないとは思ってもみなかった」と言った。しかしベルナデッタは、マリアを見た者に期待される、まるで御像のような態度を取ったことは一度もなかった。

ベルナデッタは本部修道院に来たばかりのころ、「ここでは縄跳びをすることはありますか？」と聞いた。それを聞いた人たちはとても驚き、「そんなことはしない」と言うと、ベルナデッタは、とても素直に「私は人が飛んでいるとき、縄を持つのが大好きなんです」と言った。

休み時間に、炊事場のシスターが「生みたての卵よ。あなた飲めないでしょ？」と言うと、ベルナデッタは躊躇《ちゅうちょ》せず、すぐに卵の両端をピンで開けて飲んでしまった。その後すぐ、「さあ、たいへん、早速、修練長さまのところへ行って、許可をいただかなくっちゃ」と言ってその通りにした。

そのころ、ベルナデッタの写真はどこにでも売っており、一枚十サンチームで、値下がりしていた。ベルナデッタはこのことを、いつも笑っていた。また、自分の背が低いので、そのことでもよく笑っていた。そして並ぶ順番は背の順なので、彼女と並ぶのはたいてい一センチばかり背の高いシスター・ジョゼフ・カルデールである。二人はよく一緒にいたずらのような遊びもしていた。ベルナデッタには背が低いことへのコンプレックスはなかった。おそらく聖母が自分と同じくらいの背丈だったからであろう。

ベルナデッタは精彩に富んだものが好きで、即答の才があり、自分自身についてはつつましい評価をしていた。あるとき、同僚に小さな説教をする役割のシスターがいなかったので、だれかがベルナデッタにこれをさせようとした。すると、「私はしゃべることを知りません。私は石のようなものです。石からは何も出てこないでしょう」と言って断った。これを聞いたあるシスターは、彼女の謙虚な態度に感激し、その言葉を忘れられなかったという。

一八六七年五月十六日、ジェール県生まれのアントワネット・ダリアスという十八歳の少女がヌヴェールに着いた。このアントワネットは、やがてシスター・ベルナールとなってベルナデッタの親友の一人となった。二人の友情の始まりは、五月十九日。来たばかりのこの志願者は、シスター・ベルガノに「一体全体どうなってるのかしら。私はここへ来てもう三日にもなるのに、だれも私にベルナデッタを見せてくれないんだから」と言った。

するとシスター・ベルガノは「ベルナデッタ？　ここにいるわよ」とすぐ隣にいる人を指さした。その途端、志願者は「なぁんだ、これか？」と叫んだのである。聖母を見たほどの人なので、きっとすばらしい女性に違いないと彼女は考えていたらしい。しかしベルナデッタは「はい、お嬢さん『これ』ですよ」と笑って答えた。このことがあって、二人はとても親しくなったのである。

ヴェール愛徳修道会を1680年に創立した
ネディクト会司祭、
ハネ・バプティスト・ドゥラヴェンヌ師

ベルナデッタ（1866年）

ール・マリー・テレーズ・ヴォズー

メール・ジョゼフィーヌ・アンベル

修練院の集会室

10　誓願宣立

――一八六七年十月三十日

一八六七年十月三十日、ベルナデッタは、フォルカード司教の手によって誓願を宣立した。そのときの彼女の声は、しっかりしていて、全く気取っていなかったと、シスター・ベルナール・ダリアスは言っているが、もう一人のシスターによると、多少震えていたという。ベルナデッタは生涯、清貧、貞潔、従順と愛徳を守ることを約束した。

「愛徳の誓願」

ヌヴェール愛徳修道会の創立者ヨハネ・バプティスト・ドゥラヴェンヌ師は、一六八二年にこの第四の誓願を決めていたが、ローマ教会法に合わせるため修道会の会憲を再検討した。そのとき、この誓願は廃止された。愛徳とは、もともと法律に従っていくようなものではない。

「ベルナデッタ、あなたの任命書はありません」

誓願式の午後、習慣に従って、新しい誓願者はオベディアンス、つまりどこかの修道院への任命を受けることになっている。修練院の集会室で、この式を司会するのは、フォルカード司教である。誓願を立てた四十三名は次々と呼ばれて、十字架と会憲の本と任命書をもらう。こうして司教の仕事は終わったが、ベルナデッタのことは忘れてしまったのであろうか。彼女は隣にいたシスター・アナスタジに言った。「みんながもらっているんですもの、私も同じようにもらいたいと思っていました」

そのとき、フォルカード司教は総長に向かって、「シスター・マリー・ベルナールは、どうなりましたか」と聞いた。総長は「司教さま、この人はなんにもできないのです」とほほ笑みを浮かべながら、小さい声で答えた。シスター・カルデールの証言によると、総長の言葉は小さい声だったので、一番前に座っている人だけにしか聞こえなかったという。

ベルナデッタが司教のそばに来た。司教は今度は声を高くして言った。

「シスター・マリー・ベルナール、あなたの任命書はありません」

そしてベルナデッタに向かって尋ねた。

「シスター・マリー・ベルナール、あなたがなんにもできないというのは本当ですか」

「はい、そうです」

「それなら、あなたのことはどうしましょうか」

と司教が言うと、ベルナデッタは
「司教さまが私を入会させようとなさったときに、ルルドできちんとそう申し上げたはずですが。司教さまはかまわないとお答えになりました」

そこで――これは多分に計画的だが――総長が言葉をはさんだ。

「司教さま、もしよろしければ、この人を、まあ、他に何もできませんから、愛徳のために本部に置こうと思います。そしてお掃除やお茶をいれるために病室の仕事をさせれば、本人も病気がちですし、一番適当な場所ではないかと思います」

「務めは祈りです」

司教はうなずいて、ベルナデッタに顔を向けた。彼女は「やってみます」と答えた。すると司教は、一段とおごそかな口調で「あなたには、祈るという務めを与えます」と言った。実は、ベルナデッタの任命については、どのようにしたらよいかということで、本部ではだいぶ迷っていたようである。そのために先のような芝居めいた方法がとられたのである。つまり、もしベルナデッタをどこか地方の修道院に送れば、彼女は好奇心の的となって大勢の人が訪問して来る恐れがあった。しかし、本部での務めとなれば、これは一般に程度の高い仕事と考えられていた。そのために、例外はあったものの、本部務めに若いシスターが任命されることはほとんどなかった。それでフォルカード司教がのちにある人に説明したように、もしこのような辱めの形をとらなければ、ベルナデッタに与えられた務めは、彼女に大きな名誉を与えるように見えたことであろう。

任命式の後の休み時間、ベルナデッタは心が傷つけられたことをだれにも見せなかった。しかし、しばらくしてから、彼女は自分が世話をしている病室の一人のシスターのところへ行って、苦しい治療を受けている彼女を励ましつつ、自分の心を打ち明けたのではないかと思われている。ベルナデッタはそのシスターにこう言ったそうである。「ねえ、シスター・オギュスタン、これは神さまのためよね。神さまのために苦しまなければならないのね。神さまご自身が、私たちのためにあんなにも苦しまれたんですもの」

11　看護をするベルナデッタ
――一八六七年十月三十日〜一八七三年六月

こうしてベルナデッタは、看護助手になった。彼女は、聖母マリアの御像の前に花を飾ることからトイレ掃除まで、こまごました仕事を担当することになった。修練期の間、ずっとトイレ掃除をしていたので、慣れていたし、いやな思いはまったくしなかった。

指導力

ベルナデッタは、看護助手の仕事が気に入っていた。ルルドにいるときも、看護することに自分の道があると思った。看護師のシスター・マルトは、こんなに背の低いシスターがよく病人の指導ができることに驚いていた。たった一言でみんなが沈黙を守る。シスター・ペラジーは話し出すと止まらないが、ベルナデッタが一言「おしゃべり」と言うと、もうそれだけでこのシスターはすぐ黙ってしまう。ベルナデッタはユーモアがあったし、指導力があって、また適切な言葉をかけるので、病室の中によい空気をつくった。しかも行き過ぎない同情ができる。

あるとき、高熱を出していた同県人のシスター・ベルナール・ダリアスに、親しげな言い方で「ベルナールくん、君には耐えきれないだろうね。高熱のために、もう半分くらい煮上がってしまっているんだから」。また、歯を抜かれることを心配しているあるシスターには、「お嬢さん、あなたは、苦しむことを習わなかったの？」と聞いた。

ベルナデッタが病室の仕事に任命されたのは、とてもタイミングがよかった。看護師のシスター・マルトが病気でますます仕事ができなくなっていたからである。一八七〇年四月十二日、看護師のシスター・マルトは休みをとらせられたが、病室としては損失ではなかった。ベルナデッタがいるからである。彼女はすべてを引き受けて、万事うまく処理することができた。

六月九日、看護師が帰ってきたが、以前よりも悪化していた。十二月二十三日、容態が悪くなって、翌年の三月二十二日、もう見込みがないということで司教が訪問してくれた。一八七二年十一月八日、シスター・マルトは亡くなった。

ベルナデッタは、なんとなく病室のすべての務めと責任を引き受けることになってしまった。だれにも任命されないし、あなたが看護主任だとも言われなかったが、事実上そういうことになってしまった。

ベルナデッタは自分の務めを果たすために、十分に勉強もしたようである。特に、当時測量はメートル法に変わったが、彼女は昔からの測定の単位を覚えるように努力した。これは看護ノートに書かれている。「一粒は、五センチグラムである。一スクリピュウルは、四グラムである。一オンスは三十二グラムである」。そして、細かく「こういう数字に気をつけることは大切である」と書いている。また「コンマの置き方が代われば、大きく目方が変わってくるので、処方箋が書かれるときには略字ではなく、グラム、デジグラム、センチグラム、ミリグラムと完全に書かれることが望ましい」とも書かれている。

間違えないように、ベルナデッタ自身が計算したことを書くときは、旧式と新式の双方を書いているが、これはいろいろな病気のためである。例えば、喀血、下痢、できもの、関節リウマチなどのために、自分が一番効くと思う薬のことまで細かく書いているのである。

病室を訪れた人の悪いところをすぐ見つけて、積極的に治療にあたる。しもやけのためにひどくなっているシスター・アンジェルの手を見て、「こんな手を見られたら私は恥ずかしいですよ。はやく病室に来れば薬をつけてあげるのに」と声をかけた。シスター・アンジェルは言う。「シスター・マリー・ベルナールは私の手にはちみつを塗ってくれましたが、数日で完全に治りました」。おそらく、はちみつとは、ろうのことであろう。「また彼女は私の目の手当てもしてくれました。薬のために涙が出ると、彼女はこう言ったのです。『どうしたんでしょうね、私は一滴しかいれないのに、あなたは何滴も私にくれるなんて』……」

ベルナデッタは当時の習慣に従って、多少固いと思われる信念をもって規則を守らせたが、いつもそれをうまく扱っていた。病人は、ベルナデッタに心の悩み、あるいは夢のことまで打ち明けている。彼女の夢の解説法は、フロイト式でもなく、星占いでもない。しかし第六感で言うべきことを本能的にわかっていたようである。

あるとき、シスター・ジュリエンヌが幼いイエスの自分に対する厳しい顔を夢で見て、とても悩んでいた。このことを打ち明けられたベルナデッタは、彼女に同僚に対する行き過ぎた愛情があるのではないかと指摘したところ、彼女はうなずき、心が平和になった。

また、彼女はよく発汗するように、きちんとベッドに入っているように注意されていたが、聖母会員の祈りをするために、時々、祈りの本を読んでいた。それを見たベルナデッタが「うん、この熱心さには、どうも不従順の要素があるね」と言うと、病人はおとなしく本を閉じてしまった。

シスター・ユードクシーは、許可なしに病室を出ようとした。とても独立心の強い彼女に、ベルナデッタは語気強く「私は賛成できない」と言った。今までそのように言われたことのない彼女が「どうしたらいいの？」と聞くと、ベルナデッタは「寝なさい」と言った。そして「祈ることよりも、犠牲を捧げることのほうが大事よ」と付け加えた。翌日、彼女は看護師の許可を得て修練院に帰ることができた。

ベルナデッタは人に守らせる規則を自分もきちんと守っていた。ある真冬の日、部屋のストーブの火が強かったので、ベルナデッタは窓を開けるように言った。すると、ちょうどそこへ来た総長が、驚いて「あなたは何とも思っていないのですか」と注意した。ベルナデッタは「別に何とも。私は悪いとは思っていません」と言ったが、ベルナデッタはすぐに考え直して窓を閉めに行き、十五分してから集会室に行ってお詫びをした。

病室での毎日の生活

看護師の仕事は、毎日七時四十五分から始まる。病室に入るとすぐ、ベルナデッタは、病人の容態を聞いて、炊事場から運ばれてくる朝食を一人ひとりに配る。病室から病室へと歩き回って休む時間はほとんどない。そうしながら時々、ベルナデッタは信心の言葉を一つ言う。「神さまをよく愛しなさい。私たちの務めのすべてはこれだけです」

必要があれば、ベルナデッタは夜通し看護をし、また経験のないシスターが、夜、病人についているとき、手伝うために何回か起きるときもあった。ベルナデッタのもとで、ベルナデッタから看護の仕事を習ったシスター・クレマンス・シャサンは、何回もベルナデッタを起こしにいったことがあるという。このシスターに、ベルナデッタは「私も病院に行って病人の看護をしたいと思っています。でも健康があまりすぐれないので、多分そういう仕事をさせてはもらえないでしょう。でも、私にとっては神さまのお望みが一番大切ですから、神さまのみ旨におまかせしようと思います」と言っていた。

ベルナデッタの健康

ベルナデッタ自身の体調は、良いときと悪いときがあって、一八六九年の復活祭はベッドの中で過ごした。あまり長くはなかったが激しい喘息の発作があった。同じ年の十月にも、ベルナデッタは寝込んだ。そのため、パリへ任命を受けた看護師のシスター・セシール・パジェスをしばらく本部にとどめなければならなくなった。このシスターは言っている。「その時ベルナデッタは寝ていて、何回も洗面器いっぱいの喀血をしていました。私が発泡剤を付けてそれをとるとき、痛かったはずなのに、彼女は『遠慮なく引っ張って。私はネコみたいで、あまり痛みを感じないのよ』と言っていましたが、あまりにも治らないので、彼女の前で死の話が出たとき、総長の前でベルナデッタは私に『自分の命を捧げるなら、天国へ行けるではありませんか』と言いました」

そこで、シスター・セシールは言った。「あなたが天国へ行けば、私たちの修道会にもやっと聖人が生まれる。嬉しいことね」。そこで、総長が「あなたはうちの会に聖人がいないと思うの？ 私はたくさんいると思いますよ」と口をはさんだ。シスター・セシールは「ですけれども、列聖された人は一人もいません」と答えた。総長と一緒に病室を出た看護師の手伝いのシスターは、総長に自分が心配していることを打ち明けた。医者はベルナデッタが喀血のときに死ぬ可能性があると言っていたからである。

ベルナデッタからの異議申し立て

一八六九年十月十三日、ベルナデッタはある難しい証言のために起こされた。ルルドの神父たちは彼らの出している機関誌に、ご出現の短い歴史を書き始めていた。本当はアンリー・ラセールという名のある作家が書くことになっていたのであるが、なかなか来てくれないので、神父たちが頼まれて書き始めたのである。その「ルルドの出現小史」の書き方は、とても簡潔で飾りのないものであった。作家のアンリー・ラセールは、自分が美しい文章で荘重に書きたいと望んでいたので、神父たちの出したものが気に入らなかった。そこで彼は競争者と見られる神父たちに対して、ベルナデッタの批評を聞こうとヌヴェールにやって来た。ベルナデッタの口からちょっとした驚き、あるいは「違う」という言葉を聞きだし、そのすべてを筆記し文章にして、ベルナデッタにこれを証明させたのである。

司祭団の答弁

十一月十六日、ルルドの司祭団の責任者であったサンペ神父もヌヴェールに来て、神父たちの仕事に賛成するようにと頼まれた。実は、歴史の視点から見れば、意見の合わないところは、細かい部分にすぎなかった。しかし、この細かい部分についてまで議論されたおかげで、ご出現の事実を確かめるのに役立ったことは確かである。しかし、ベルナデッタにとって自分自身の生涯の最も大切な出来事が、人間どうしの争いの種になったことは悲しかったし、また彼女自身、ずいぶんたくさん忘れたということにも気がついた。そして忘れたということは、特に彼女にとって心を痛めることであった。

いずれにしてもベルナデッタは、自分の口にしたどんな小さな大切でない言葉も、自分と関係のない争いのために利用されていることに気づいて悲しかったのである。ベルナデッタの心の中には一八五八年三月二日、ペラマール神父に怒られたときのことが思い出された。あのときは行列を頼まれたかどうかがわからなくなってしまったのであるが、今また対立する人たちの言うことの影響もあって、ご出現についての事実が少し記憶から薄らいで来たように感じるのであった。

一八七〇年、また病気に

一八七〇年四月十二日、二人の看護師が同時に寝ていた。そしてベルナデッタの場合は、またもや病気が重いと思われていた。あるシスターは証言している。「私は病室に入った途端に、この聖なるシスターは、もう最期ではないかと思いました。多分、あと、数時間しか生きないのではないか。それで私は『夕べはよくお休みになれましたか。修練長さまに聞いていらっしゃいと言われたので』と言いますと、彼女は『心配なさらないように申し上げてください。私は、今日死にませんから』と答えました」

このシスターは、これを予言の言葉だと証言しているが、ベルナデッタは自分の病気の喘息が、しばしば状態がよくなることをよく承知していたようである。

一八七〇年の戦争（普仏戦争）

ベルナデッタは戦争のことをあまり気にしていなかった。プロシア軍がヌヴェールのそばまで来たときも、彼女はただ「私はよい信者でない者だけを恐れている」と言っていた。

一八七〇年十一月の手紙に、彼女は次のように書いている。「敵がヌヴェールの近くまで来ていると言われています。私はプロシア軍を見たくないのですが、恐れてはいません。神はどこでも同じお方ですから、プロシア人の間にもいらっしゃるでしょう。私は小さいときのことを一つ思い出しています。教会で神父さまの厳しいお説教を聞かされた信者が、『まあ、こういうことを言うのは、神父さまのお務めだから』と言っているのを聞いたことがあります。私はプロシア人も自分たちの務めを果たしているのだと思います」

父の死

先ほど引用した手紙は、父にあてた最後のものである。その後、何カ月か経って、ベルナデッタが壁に寄りかかって泣いているのを、シスター・マドレーヌ・ブネックッスが見つけた。訃報が彼女の耳に入ったばかりのときであった。十五日間の最後の出現と同じ日、一八七一年三月四日、父フランソワ・スビルーが亡くなった。ベルナデッタがルルドから少し離れているとき、何か口実をつくってはよくベルナデッタを訪れた父も、ピレネー地方からはついに一歩も出たことがなかったし、ヌヴェールまで来ることもなかった。彼の死を聞いて、ベルナデッタは深い悲しみに沈んだ。

三月九日、彼女は妹のマリーに次のように手紙を書いている。「あなたと一緒に泣くために書きました。私たちを前から何回かこらしめていらっしゃる天の御父のみ手に対して、どんなに悲しくても、よく従うように致しましょう。キリストの十字架を担って、これに接吻しましょう」と。

戦争のことを時のしるしとして受け入れたのと同じように、父の死もまた信仰をもって受け入れていたのである。

すばらしい看護師

一八七二年九月三日、ニエーブル県の医師会の会長であり、ヌヴェール愛徳修道会の本部の往診に来ていたロベール・サンシール博士は、ベルナデッタについて次のように書いている。

「シスター・マリー・ベルナールは、看護の職務を完全に果たすことのできる人である。年齢は二十七歳、背が低くて病気がちではあるが、性格はとても安定しており、優しい。病人の手当てにあたっては、敏速になすべきことを理解し、医師の指示を一つも忘れず、確実に守っている。そのため彼女は、すべての病人から尊敬されており、医師としての私も全く彼女を信頼している」

サンシール博士がこの言葉を書いたのは、サルペトリエール病院の有名な医学博士の一人が、ルルドの出来事に反対して、次のような言葉を医学雑誌に書いているからであった。「ルルドの奇跡は、ヒステリーのある子どもの証言にのみ基づいており、これを証言した者は、ヌヴェールのウルスラ会の修道院に閉じこめられている」

「体の調子はとてもいいです」――一八七〇年五月〜一八七二年

一八七〇年五月十五日から一八七二年の初めまでは、ベルナデッタにとって一番体の状態が良い時期であったようである。そのころの手紙には「今の体の調子はだいぶいいです」とか、あるいは「体の調子はとてもいいです」と書かれている。たまには喘息の発作もあったようであるが……。

一八七二年の一月の手紙に、彼女は自分のことを次のように記している。「健康は去年に比べてよいほうです。ただ今年の冬はだいぶ寒いので、少し苦しい時もあります。なかなかうまく息ができないときもありますけれど……」

衰弱

一八七二年の末から七三年初めにかけての冬、再びベルナデッタの状態は悪くなった。七三年の一月十七日、彼女は聖ユリアナ病室に入れられた。二月三日は具合が悪く、四月十三日のご復活のときにまた発作が起きた。二週間寝ていなければならなかった。

一八七三年五月十二日、総長のメール・ジョゼフィーヌ・アンベルは彼女を車に乗せて、バレヌにある子どもの施設へ連れていった。施設ではこれがとても大きな喜びである。施設に着くと、病み上がりのベルナデッタは車椅子に腰掛けて、そこから身寄りのない少女たちに一言挨拶をさせられた。「皆さん、聖母マリアをよく愛しなさいね。聖母マリアによく祈りましょう。聖母は必ずあなたたちを守ってくださいます」

六月三日、激しい発作が起き、三日目にベルナデッタは、三回目の病者の塗油の秘跡を受けた。しかし、その後回復して再び仕事につくことができた彼女を見て、ある人が「よかったわね」と言うと、「天国でまた断られてしまいました」と答えるのであった。しかし一八七三年十月三十日、ベルナデッタはその務めをはずされたのである。

修道院の宝

長上たちは、ベルナデッタを務めからはずすことを残念がった。なぜなら、看護の仕事をするベルナデッタは、悩んでいる修練者たちにとてもよい指導をしたし、彼女の勇気とその単純さを見ることが、とてもよい教育になったからである。つまりベルナデッタは、修道院にとって、精神衛生上からも、霊的な意味でも宝であった。そのため、修練長のメール・マリー・テレーズは、ベルナデッタが誓願者であるにもかかわらず、よく修練者の休みの場に呼ぶことがあった。

しかし、ベルナデッタは、アンリー・ラセールの出したご出現の歴史の本が読まれるとき、病室に帰るように言われるのがあまり好きではなかった。著者は、ベルナデッタにこの本を読ませないという約束を、シスターたちにさせていたのである。

あるとき、シスター・ジュリー・ガロスが「どうしてあなたがそう簡単に病室へ帰れと言われるのでしょうね？」と聞くと、ベルナデッタは「ルルドについて書かれたものを読みたいから、私を出してしまうのですよ」と説明した。

しかし、一八六九年六月一日、新しく入会した四人の志願者の前で、ベルナデッタは出現のことを話すように言われた。これは、こういう話を二度としなくてもよいという約束を取り付ける機会となった。これが最後である。もう二度とそういう話をさせないという。しかし、このように扱われても、ベルナデッタは何とも思わないで、自分自身に寄せられる尊敬や熱狂的な気持ちを全く受け付ける様子もなく、隠れていたいといつも思っていた。

あるとき、しばらく顔を出さなかったベルナデッタが修練院の集会室に入ったとき、修練者たちの歓迎ぶりが少々行き過ぎていたので、彼女は怒ったように言った。「あなたたちは、私が全く受ける資格のない尊敬を私に示そうとなさるのね。これでは休み時間にあなたたちと一緒にいることができないじゃありませんか」。これに対し、シスター・クレマンス・シャサンは言っている。「そこで、私たちはベルナデッタに詫びたのです。一生懸命に頼んで、やっと留めることができましたが、彼女は私たちに、もっと素直な態度をとることを約束させたのです。その後のベルナデッタの態度と、その陽気な顔に、私たちはとても深い印象を受けました」

ベルナデッタの笑い方は、とても健康で、しかも全く気取りがなかった。あるシスターは美しい声をしていて、ある日、修練室で聖歌を歌っていたが、ベルナデッタの前であるせいか、いつものようにうまく歌えなかった。そこで「皆さんの前なので、上がってしまったわ」と言うと、ベルナデッタは「本当にすみません。つい笑ってしまいました。でも、理由があることは、わかってくださるでしょう」と言った。

十字架を持つベルナデッタ（1868年）

12　ベルナデッタの最後の務め

一八七三年十月～一八七四年十二月

一八七三年十一月五日、二十八歳のシスター・ガブリエル・ビグルスは、看護師に任命された。二十九歳のベルナデッタは、公に看護師に任命されたことはない。そのため、彼女は看護助手に戻った。このことは、ベルナデッタにとって、少しつらかったようである。なぜなら、彼女は病室をうまく取り仕切っていたし、その上、これまでは自分が病室の責任者であったからである。

同じ仕事の場で、助手になるというのは難しい。ベルナデッタが自分の考えや方法を弁護する理由のあるときでも、看護師に任命されたシスターからは傲慢だと言われてしまう。一八七五年七月の黙想のとき、ベルナデッタが日記に書いている言葉「無関心にならなければならない」という一語は、おそらくそのためであろう。

香部屋と病室の仕事

一八七四年一月、ベルナデッタは看護助手の仕事と同時に、香部屋の手伝いもすることになった。侍者をする子どもたちに赤い着物を着せたり、司祭が次々と三回にわたって洗ったプリフィカトリウム（カリスをふく布）を、最後に洗濯してアイロンをかけたりした。しかし、彼女にはまだ病室でのつらい仕事が待っている。このころからルルドでベルナデッタの勉強を助けたことのあるジュリー・ガロスが、看護師の仕事を覚えるために病室に来た。

ジュリーの教育のために

シスター・ジュリーは言う。

「あるとき、ベルナデッタは私に、メール・アンヌ・レスキュールという目の見えないシスターを散歩させるようにと指示して『神さまをお散歩させるつもりで大事になさい』と言いましたので、私は『はい、でも神さまとはだいぶ違いますね』と答えました。また私が、『この病人はどうして修道服を半分しか着ていないのですか』と聞きますと、『今晩見に来ればわかりますよ』と言うのです。夕方になって私はこの病人のひどい傷を見ました。その傷からはたくさんの虫が落ちていて、ベルナデッタはこれを膿ぼんに受けていました。私はもうたまらなくなって、目を背けてしまったのです。すると、ベルナデッタは『なんですか、あなたは。愛徳のシスターとして恥ずかしくないのですか。信仰がないのですか』と言いました。翌日、私はまた病人の傷の治療に立ち会いましたが、とても手を出せませんでした。でもベルナデッタはていねいに包帯を巻いていました。

一八七四年六月二十九日、このシスターが亡くなったとき、ベルナデッタは死んだ人の処置をするから手伝ってほしいと言いましたが、私はいやなので断りました。すると、彼女は『ひきょう者ね。そんなことでは、いつまで経っても愛徳のシスターにはなれませんよ』と言いました。遺体に修道服が着せられ、他のシスターが来て接吻をしていましたが、私にはとてもその真似はできそうもありませんでした。でも、思い切ってしてみました。するとと気が遠くなってしまったのです。そのとき、ベルナデッタは私に『遺体に触ることもできない愛徳のシスターとは何者ですか』と強く言いました」

ベルナデッタはジュリーの性格をよく知っていた。感受性も強かったが、意志も強かった。ベルナデッタがジュリーを刺激したり、強い言葉を投げつけたのは、かえってジュリーの教育に役立っていたのである。シスター・ジュリーは、とても率直に、喜びをもって列福調査のときに自分の思い出を語った。彼女は着衣式のときに、ベルナデッタから修道服のコルネットを被せてもらった。そのとき、ベルナデッタは「私がコルネットをつける人は、みんな強い人になるのよ」と言った。

シスター・ジュリーは、一八七四年七月十四日、ある修道院の看護師に任命されて出発するとき、ベルナデッタからのある忠告を覚えていた。伯母のベルナルドの居酒屋をしばらく手伝ったことのあったベルナデッタは、おそらくその経験を思い出して言ったのであろう。「男の人と一緒に一つの部屋に入るときは、必ずドアを開けたままにしておきなさい」、「病人の世話については貧しい人の中にイエス・キリストをみることを忘れないようにしなさい。病人が汚ければ汚いほど、その人を愛さなければなりません」、「病人の世話をするとき、病人がお礼を言わないうちに帰ってくるようにしなさい。病人のお世話ができるという名誉を与えられただけで、十分な報いなのですから」

このような言葉を交わして、親しい友だちは別れた。おそらく再び顔を合わせることはないであろう。ベルナデッタはジュリーに言った。「仲がいいのだから、記念のものを交わす必要はないでしょう。限りなく愛し合い、限りなく自分を奉献すべきだと思う。最後のキスをしましょう」。そしてまた言った。「病気は神からの優しい贈り物として受けなさいね。よく用心して、貧しい人に仕え、自分を捧げること。決して失望に陥らないように。そして聖母マリアをたくさん愛しなさい」と。これがシスター・ジュリーへのベルナデッタの最後の言葉であった。

「無関心」

一八七四年、ルルドの修道院のシスター・ヴィクトリーヌがベルナデッタを訪れた。このシスターは、ベルナデッタを幼いころから知っているので、ルルドの病院時代のことを思い出させ、特に粗野だった少女時代のベルナデッタが、小さな不正や、不当に疑いをかけられたとき、反発したことを聞かせてくれた。ベルナデッタは言った。

「そうですけれども、今は無関心になりました」

しばらくのち、総長のメール・ジョゼフィーヌが、ベルナデッタともう一人のシスター・カジミールのことを役に立たない者だと言ったときに、ベルナデッタの心が明らかになった。シスター・カジミールは泣いていたが、ベルナデッタは「そのために泣くんですか。泣くことはないと思いますよ。これ以上の試練がきっとありますから」と言って聞かせた。

ベルナデッタは従順によって、非常にわかりにくい試練にもあったが、従順において平和に達することができたのである。

「目は青でした」

新しく看護師に任命されたシスター・ガブリエル・ド・ヴィグルスとベルナデッタは、苦しい衝突はしたが、ベルナデッタは後まで気にしたりはしなかった。その証拠に、この看護師のために一つの例外を設けた。一八七四年十月、ベルナデッタは彼女にご出現のことを話したのである。この看護師は、早速それをノートに書いた。ベルナデッタの最後の言葉は、一八六四年八月二十二日に書かれた自筆の言葉と同じであった。

「彼女の目は青でした」

13　病人の務め

――一八七五年～一八七八年

一八七五年からのベルナデッタの生涯は病人の生活であった。もう役に立たない状態に陥った彼女は、それを神に仕えるための一つの務めとして受け止めた。それは、彼女自身の言う「病人の務め」であった。

他の人に仕えて

この務めは大きな実を結ぶものとなった。いつも自分のことよりも他人を気にしているベルナデッタの証しを経験させるために、しばしば修練者が病室に送られるようになった。いまやベルナデッタは「単純な、生き方そのものによって語る存在」となったのである。少しでも体が楽になれば、ベルナデッタはすぐ他人の役に立とうとする。他の病人たちのために、読んでいる本にしるしをつけたり、ある修練者にベールのたたみ方を教えたりした。彼女は人の心を見抜くのがとても上手であった。一八七三年、非常に熱狂的で我慢強くないジュリー・ガロスが、落胆して修道会を出ようとしたとき、ベルナデッタは彼女に冗談を言ってはその心を慰めていた。

しかし一八七五年八月三十一日に十九歳で本部に来たマリー・シャンパニアンという志願者のことは、慰めようとも、励まそうともしなかった。ベルナデッタは他のシスターに言った。「お嬢さんには、まだお母さんが必要なのですよ」と。それはベルナデッタが言っていた通りであった。九月十四日、志願者は家へ帰ってしまった。

ホームシックになったシスター・ジョゼフ・カサーニュを、ベルナデッタはアルスの聖ヨハネ・マリア・ビアンネの言葉を借りて励ました。

「わからないんですか、このように誘惑するのは醜い悪魔ですよ。悪魔があなたのそばに来たらその顔につばをひっかけなさい」

また怪しげな事情で父を亡くしたシスター・カジミール・カルリにはこう言った。

「あまり悲しんではいけません。神さまは、修道女の親が地獄へ行くことをお許しにはなりません。神さまは娘を捧げた親の犠牲のために、特別な恵みをくださいます。私も一八六六年十二月八日に母を亡くしました。これによって聖母マリアは、私にマリア以外のものを愛してはいけない、マリア以外に自分の心を打ち明けてはいけない、マリアこそ母の代わりであることをわからせたかったのでしょう」

再びルルドへ行けるか？

一八七六年六月の末、ヌヴェールからの代表団が、ルルドの聖堂と聖母像戴冠式の式典のためにルルドへ行くことになった。ルルドへ出発する人々が、ベルナデッタに挨拶に来た。彼女からの伝言と手紙を受け取るためである。彼女は、ペロー神父には「私の家族を訪問し、励ましてください。特に弟のピエール・ベルナールを」と言い、「どうか彼らが健康や楽な生活よりも、まじめな信仰と信者としての務めを守りますように」と頼んでいた。また彼女は自分の家族に試練があったとき、家族の態度に悪い点があったと思い、その試練を神の罰のように見ていた。

ルルドへ出発する直前に、新しくヌヴェールの司教になったド・ラド司教は、ベルナデッタに「ルルドに行きたいと思いますか」と聞いた。彼女は「いいえ、司教さま、私はベッドにいるほうがいいと思います」と答えた。また彼女は他の人に冗談半分に言った。「私は気球に乗って洞窟まで行き、だれもいないところで祈ることができるなら喜んで行きますけれども、大勢の中に入っていくのは嫌いなので、かえってこちらにいたほうがいいと思います」

また「もし私が見られないままで、見ることができれば……」ともらしたこともあるし、さらに「私はもうルルドを過去のものにしました。聖母マリアを再び見るのは天国でしょう。それは多分もっと美しいでしょう」とも言っていた。

改造されたルルドの風景写真を見せられたとき、ベルナデッタは「ああ、かわいそうな洞窟、行っても私にはもうわからないでしょう」と言った。改造についての話を聞くのは、ベルナデッタにとって、とてもつらかったようである。これを知ったある訪問者は、ベルナデッタを悲しませないように、話すのをやめて帰ってきたという。

ベルナデッタは自分の主任司祭であったペラマール神父にも、特別にたくさんの挨拶を人に託した。彼はもうルルドの責任者ではなくなっていた。そして自分が建て始めたルルドの小教区聖堂の資金が足りないため、仕事が中断されているのをたいへん悲しんでいた。ペラマール神父からのベルナデッタへの言葉は「お前はいつまでも私の子どもであること、そして私がいつも祝福を送っていることを忘れないように」ということであった。

翌一八七七年九月八日の土曜日、聖母のご誕生の祝日にペラマール神父は亡くなった。この知らせは電報でベルナデッタに伝えられた。ちょうどそのとき、彼女は修道院の二階で祈っていたが、この知らせを聞いて泣き伏した。

健康状態——一八七五年〜一八七七年

この二年間で、病気はだんだん進行した。初めからそうであったように、ベルナデッタの健康は良いときと悪いときの差が大きく、人を驚かせていた。この病気の生活はベルナデッタの日常になってしまった。

一八七五年の四月から六月の半ばまで寝ていたベルナデッタは、夏になると再び起きられたが、十月にはまた寝込んでしまった。十一月十九日には、喀血したため、もう最期ではないかと思われた。そして、とうとう翌年の五月まで、ベルナデッタはずっと寝込んでいたのである。

暖かな季節になると、少しずつ元気を取り戻した。六月になると、六カ月もあずかることができなかった主日のミサに、何とか出られるようになった。しかし、一人では歩けないので、だれかが支えて歩いた。胃腸が悪く、食事を受け付けないときが多かった。いつもならば、物事の良い面だけを見て、将来を楽観視する傾向のあるベルナデッタだが、一八七六年六月二十七日、ルルドの修道院長メール・アレキサンドリーヌにあてた手紙では、自分の体がいつもよくないことを認めている。

しかしベルナデッタは、自分に残っている体力をできるだけ有効に使おうと思っていた。ある日、病室に来た一人のシスターは、ベルナデッタが部屋をほうきで掃いているのを見つけた。このシスターがベルナデッタの手からほうきを取り上げようとすると、彼女は「ほうきは渡しませんよ。勝利か、死か」と笑いながら言った。そういう言葉には、ベルナデッタが代父からクリミア戦争での勇壮な話を聞かされた影響があったのであろう。

同じ一八七六年の秋の手紙の中で、彼女は「私はあまり苦しくない。たいしたことはない」と書いているが、また「私は自分が想像できないほど体力がないことを感じます。九月七日の手紙を早く終わらせたい。私の手はおばあさんの手のように震えています」とも書いている。

八月から九月にかけての手紙には「手でペンを持っていられないくらいです。それで何を書いているのかわからなくなりました。さようなら！」と結んでいる。この手紙は、ご出現の時からベルナデッタと親しかった友だちのラシェールにあてられているが、この友だちに対して彼女は親しみを込めた言葉と尊敬の言葉を交えている。

十一月の手紙には、自分がだいぶよくなっているとしたためているが、ベルナデッタが手紙を書けるのは、病状がやや良好なときだけであった。そのため、本当はだんだんと衰弱していっているのに、いつもよくなりつつあると書いているのである。また彼女は、自分がいつも赤ちゃんのようにかわいがられていて、本当に感謝していますと強調している。

パパさまへの手紙

一八七六年十二月十六日、ヌヴェールの新しい司教ド・ラド師はベルナデッタを訪問した。一八七三年にエックスの大司教に任命されたフォルカード司教の後継者である。初めての訪問の後、ベルナデッタは次のように言った。「小さくて冷たい方です。長続きしないでしょう」。すると本当にこの司教は、一八七七年七月二十三日に亡くなったのである。

司教が病室に来たのは、教皇ピオ九世にベルナデッタの自筆のものを持って行きたいと思っていたからであった。あおむけに寝たままのベルナデッタは、ひざの上に板をのせ、これを痛むひざで支えて書こうとした。最初に書いた下書きは、まるで公会議の文書か何かのようにていねいな言葉に直されてしまった。教皇に奉呈するからというわけである。ベルナデッタは素直に司教の言うとおり書くことにした。そのため彼が自分を説得するために口にした言葉をそのまま書いてしまった。それは「教皇の祝福を受けるための一番いい方法は手紙を書くことだ」という言葉であったが、まさかそれをそのまま出すわけにはいかない。それでまた書き直しだと言われた。

ちょうどその時代には、教皇の領土を守るために死んだ兵隊が殉教者のようにたたえられていたので、ベルナデッタは「私は前々から、ふさわしくはありませんが、教皇聖下の小さな兵士になっています。私の武器は祈りと犠牲です」と書いた。この言葉は教皇さまの心を打つに違いないから、そのまま書いてよいと司教は言い、「けれども、もう少していねいな書き方にしなさい」と言った。そこでまた「私は何年か前より、不肖ではありますが、聖下の小さな兵士のつもりでおります」というふうに書き直させられた。そして最後に、彼女はこう付け加えた。

「聖母マリアは天国から、パパさまの上にしばしば目を向けていらっしゃると思います。パパさまご自身が、聖母マリアのことを無原罪と宣言なさってから四年後に、この優しい母は地上においでになって、『私は無原罪の宿りである』と言われたのですが、私にはその言葉の意味がわかりませんでした。それは、この言葉を聞いたことがなかったからです。しかしそのときから、いろいろ考えてみて、私は自分にこう言い聞かせております。本当にマリアさまはお優しい方なのです。それでマリアさまは、パパさまの言葉を確認するためにおいでになったに違いないと」

しかし、この終わりの言葉はだめだと言い、もっと荘厳でベルナデッタの口ぶりとは全く合わないような言葉に直されてしまった。「この優しい御母が再び、のろわれた蛇の上にみ足をおいてくださり、聖なる公教会とその敬愛する尊い大司祭の苦しい試練に終止符が打たれることを希望しております」と。

一人のシスターが、この第二の下書きを、修道会の紋章のある便せんに書いて、ベルナデッタに渡すと、彼女はベッドの中でこれをできるだけきれいに清書した。しかし、「のろわれた蛇」など、慣れない言葉を書くと、つい間違えて文章の半分を飛ばしてしまい、それを行と行との間に書き加える始末であった。こんなものを教皇さまにさし上げることはできないということで、もう一度書き直しをさせられた。ベルナデッタはひざが痛み、疲れがひどくなっていった。しかし、やっとのことで何とかきれいに書くことに成功した。ド・ラド司教はその第三か第四番目のものを教皇に持っていくことになった。

一八七七年一月十四日、司教はローマから約束された祝福を持って帰ってきた。

前の年の十二月は特に苦しかったはずだが、それでもベルナデッタは十二月二十八日付で、ポミアン神父に書いている。「私の胃袋はなかなかわがままで、私がそこに入れようとする食事を簡単に受け付けてくれません」。しかし、彼女はいくらか食事をとれるようになったが、この一年間ベルナデッタはほとんどベッドから離れたことがなかった。また同じ日付のペラマール神父あての手紙には、「私はもう一年以上、自分の白い小さな聖堂の中におります」と書いている。

ベルナデッタは、その一年のうち、夏には時として起きたこともあったし、またシスターに支えられ、あるいは運ばれて、ミサにあずかるため病室を出たこともあった。

一八七七年の夏、思いがけない健康の回復

一八七七年の夏の間、ベルナデッタの体調は少しよくなった。彼女は弟に「私は毎日庭に出て、少し体力をつけるために散歩しています」と書いている。そして五月十五日のポミアン神父あての手紙には「体がだいぶよくなりました。共同体の人と一緒に、何とか共同の祈りをすることができます。散歩して食事をおいしくいただいています」と書いている。このころ、ベルナデッタは集会に出たり、いろいろなグループをまわって歓迎されたりしていた。

歩くことがいくらか楽になったため、修道院の中のお使いを頼まれるようなこともあった。九月には、ベルナデッタに会うのを楽しみにしていた炊事場の若い女性が病気になったので、勇気を出して三階まで上がることもできた。また同じころ、ベルナデッタは列の中に入って告解を待つようなこともあったし、もう一人のシスターのために番を取って待つこともあった。

十月も割合、健康状態がよかったので、とても体重の軽いベルナデッタの体を持ち上げて、忘れられたぶどうの房を取ってもらうシスターもいた。

一八七七年十一月二十一日、誓願更新のために、ベルナデッタは聖堂まで行った。そして代表として誓願文を読んだのは、ベルナデッタであった。

一八七七年～七八年の冬

一八七七年の十二月、ベルナデッタは再び病室に釘づけとなった。ひざは前より悪くなっていたが時々起きて、馬小屋をつくっている修練者の手伝いをすることもあった。そして飼い葉桶の中に幼いイエスの御像を置きながらこう言っていた。「優しいイエスがベツレヘムの馬小屋にいらしたとき、本当に寒かったでしょう。幼いイエスを自分たちの家に入れなかったベツレヘムの人たちは、なんと心の冷たい人だったことでしょう」

しかし、だんだんとひざの痛みは激しくなっていった。一八七八年一月の修道会総会のときに、新しい総長メール・アデライド・ドンスが選ばれたが、そのためにヌヴェールに来たシスター・アンブロアーズは言っている。「ベルナデッタのひざは化膿して腫れ上がり、苦しそうでとてもベッドからは動けない状態でした」。そのとき使われた薬はたいへんいいものであったらしく、やはり多少効いたようで、一時、ひざが治ったように見えた。しかし、わずかの間だけであった。

二月十日、ベルナデッタはまたも倒れ、喀血した。看護師は夜起きて看病しなければならない。ベルナデッタの心はいつも同じで、自分を看病してくれる人が十分に休んでくれることを望んでいる。ベルナデッタはシスター・ジュリー・デュランに、「こんな度々来てくれなくても大丈夫ですよ。人は私が死ぬと思っているようですが、まだ半年ぐらいは生きられますから」と言っていた。

一八七八年五月のこと。喘息のために息が苦しくなって、新鮮な空気が欲しくなった。修道会の慣習（一八四八年版）には「窓を開けたまま寝ると簡単に風邪をひき、神経痛にかかることがあるので、寝るときは必ず窓を閉めること」とあるが、ベルナデッタはシスター・ジュリー・デュランに早朝五時半ごろから窓を開けてくれるように頼んだ。そこへ、残念なことに、メール・マリー・テレーズがやって来て「何をしているんですか、不用心なこと。どうして窓を開けさせたのですか、もっとひどくなるではありませんか」と言った。シスター・ジュリー・デュランは、メール・マリー・テレーズが離れるとすぐに窓を閉めに行ったが、ベルナデッタは「そのままにして。マ・メールは閉めなさいとはおっしゃらなかった。ただ私が開けさせたことを叱っただけなんですから」と言った。

彼女は相変わらず、自由な心をもっているので、頑として、理屈をつけるのも上手であった。十六歳のときに、苺を食べようと思って、友だちのジュリー・ガロスに靴を投げさせたときと同じである。

最後の夏

一八七八年九月、ひざのカリエスはますますひどくなった。しかし、永久（終生）誓願の準備のために黙想の指導に来ている説教師の話を聞こうと、聖堂まで足を運んだこともある。また、うまくできないときもあるが、信心業のときにひざまずくこともあった。しかし、それもだんだんできなくなっていった。「もう私は聖堂にも行かれません。病室にいるだけです」と黙想の終わりごろには言っていた。

九月二十二日、永久誓願の式が行われた。一八七〇年に書き直された誓願文に従って、ベルナデッタは永久誓願を立てた。「私スール・マリー・ベルナールは、ヌヴェール教区に設立された愛徳およびキリスト教的教育修道会の中で、神に仕え、愛徳の事業に尽くすため、全生涯を修道会の会憲に従って清貧、貞潔、従順の誓願を立てます。私の優しい母である聖母の取り次ぎによって、わが主イエス・キリストが、私のこの約束を忠実に守れる恵みを与えてくださるようお願い致します」

式が終わってから、ベルナデッタは、「今日は二度も同じことを言いました。天国にいるような気がしたと。もしそのとき死んでいたら、間違いなく天国に行っていたでしょう。誓願は第二の洗礼ですから、地上にはもうこれ以上求めるものがないようにしてください」と言った。

聖十字架病室

一八七八年十月三十日、誓願者の病室は、聖十字架病室と呼ばれるところに移された。本部の別の棟で、そこがベルナデッタの地上での最後の住まいとなった。

十一月十二日と十三日、ベルナデッタはもう一度下まで降りて、新しい志願者に会うことができた。そして、一番新しく来た志願者の顔を見て「寂しいな」と思って言った。「あなた退屈していますね」と。その通りであった。ベルナデッタはこの志願者の肩に手をあてて、「勇気を出しなさい。あなたは間違いなく修道会にとどまる人ですから」と言った。

白い聖堂

一八七八年十二月十一日、ベルナデッタの言葉によると「カーテンのある大きいベッドは私の白い聖堂」であるが、彼女はついに最期までそこにとどまることになった。彼女が自分のそばに聖ベルナルドの御絵を飾ると、あるシスターが聞いた。「あなたは保護の聖人に祈っているのですか」。するとベルナデッタは「はい、祈るのですけれど、どうもあまり真似はできないのです。聖ベルナルドは苦しみが好きでしたが、私はできるだけ苦しみを避けようとしていますから」と答えた。当時「苦しみを愛する」とよく言われていたが、彼女は苦しみを変に喜ぶことはできなかった。

このころ、ベルナデッタは子どもの時代に戻るような気がしていた。だんだん生命力が侵されるとともに記憶力も薄らいで来て、自然に子どものときの動作に戻っていくのである。バルトレスの畑、障害のある小さなジャン・マリー・ドゥセ、牢獄跡の部屋で造っていた祭壇や御絵の飾りが頭に浮かぶ。

この御絵には、世界中のどこかで、常に献げられているミサのことが書かれていた。一八七九年一月、ベルナデッタはシスター・アンブロワーズにこう打ち明けている。「特に眠れないとき、私は世界のどこかで献げられているごミサに心を合わせているのです」。そして自分の不眠を口にしたことを悪いと思って、すぐ冗談を付け加えた。「でも、気になるのはあの侍者のことなんです。彼は決して鈴を鳴らしてくれないんですもの。だから私は何とかして鳴らさせようとするときがあるのよ」と。

動けなくなったベルナデッタは、最後の力をふりしぼろうとした。あるときは、ベッドの上で古布の糸をほぐしていたし、一八七七年の復活祭後は、よくベルナデッタは布に絵の具や刺繍《ししゅう》で、み心の絵を描いていた。当時の信心の一つであったが、このようなことも彼女にとっては、冗談の種になるのであった。「シスター・マリー・ベルナールにハートがないとは言えないでしょう」とか「もしだれかが彼女にはハートがないなんて言ったら、私が朝から晩までハートを作っていると言ってちょうだい」などと言っていた。

一八七八年八月、ベルナデッタは、小さい御絵に色をつけ、み心の周りに茨の冠を描いていた。真剣な顔をしながらも、少し冗談を交えた口ぶりで「お嬢さんはシスターになりたいのですか？　それなら苦しみと、愛することを学ばなければいけませんね。わが主は、その友人にご自分の茨の冠を与えてくださるんですものね」と言いながら……。

「彼女は何の役にも立たない」

ベルナデッタにとって一番つらいのは、苦しみよりもむしろ何もできないということであった。いつも「何もできない」まま病室にいること。「何もできない」という言葉こそフォルカード司教と召命について話したときや、最初の任命式のときから、彼女に貼られたレッテルではなかったか。

しかし、ベルナデッタは言っている。「神さまが私に他の生き方を選ばせなかったのは、本当によかったと思います。もし、神さまが与えてくださらなかったら、私は何もできないこのような務めを選ばなかったに違いないからです。私は本当に何かのお務めをしたかったのです」。一人のシスターがこれに対して「祈らない人の代わりに、祈っているのではありませんか」と言うと、彼女は「そうなのです。私にできるのは、これだけしかありません。祈りが私のただ一つの武器です。祈ることと苦しむこと以外にはなんにもできないのです」

これはパパさまにあてられた手紙のテーマでもあった。「私の武器は、最後の息を引き取るまで守らなければならない祈りと犠牲です。この世を去った後は、犠牲の武器は手から落ちて、祈りの武器だけが私と一緒に天国に行って、力あるものとなるでしょう」

大きな喜び

一八七五年九月、サン・ジルダール修道院の新しい修道院付き司祭が任命された。このフェーブル神父と共に修道院の中には優しいあわれみの息吹が入ってきた。四十三歳のこの司祭は、長いこと修道院付きであったドゥース神父の後継者である。ベルナデッタがドゥース神父の名前の頭文字を使って、彼がいつも言っていたことを伝えている。「苦しみ、自己忘却、一致、信頼、試練」。それに比べてフェーブル神父は、ベルナデッタが他人に対していつもしていたように、励まし助ける人であった。彼のカリスマは、深く理解することによって神の動きに従わせることであった。

一八七七年十月のこの神父の説教は、ベルナデッタの心に大きな喜びを与えた。聖堂を出るとき、彼女はシスター・カジミール・カルリに「セラフィム、嬉しいわ」と言った。

シスター・カジミール・カルリは、

「シスター・マリー・ベルナールが、私のことをセラフィムと呼んでいたのは、私が修練長の霊名の祝日のときに、セラフィムの役をやったことがあったからです。彼女にはカジミールの名前が気に入らなかったようでした。それで、私が『どうしてそんなに嬉しいのですか』と尋ねますと、『説教を聞いたでしょう』、『ええ、聞きましたけれど』、『説教で神父さまが言ったでしょう。罪を犯したくないときに罪を犯すことはないって』、『はい、それは聞きましたけれども、どんなことですか』、『私は本当のことを言うと、罪を犯したいと思ったことは一度もなかった。だから罪を犯したことはないことになるでしょう』。ベルナデッタは心から喜んでいたようですが、私には、同じように言うことができなかったので、彼女の幸福がとてもうらやましく思われました」

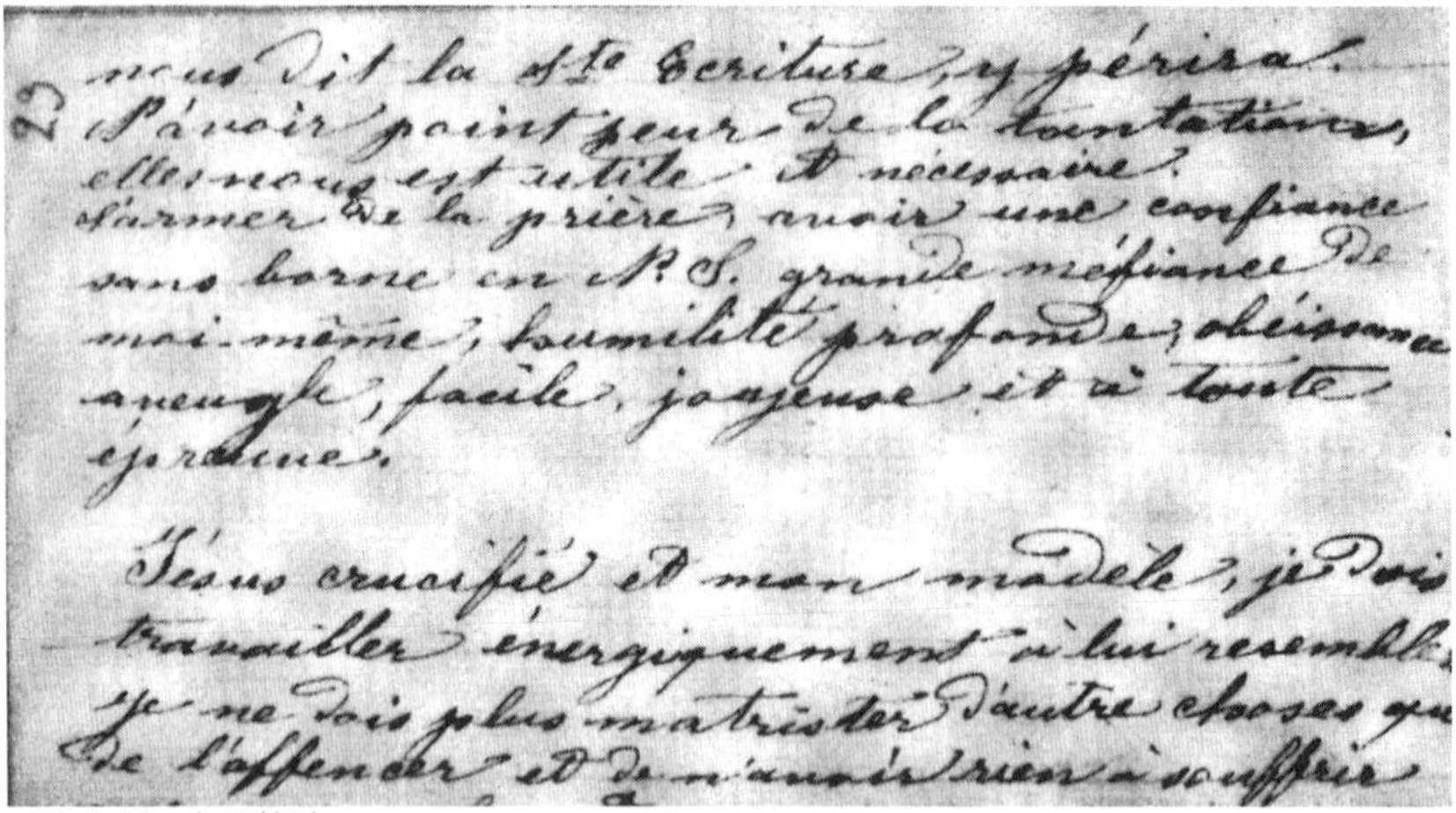

23 nous dit la Ste Ecriture, y périra.
N'avoir point peur de la tentation,
elles nous est utile et nécessaire.
s'armer de la prière, avoir une confiance
sans borne en N. S. grande méfiance de
moi-même; humilité profonde; obéissance
aveugle, facile, joyeuse et à toute
épreuve.

Jésus crucifié est mon modèle; je dois
travailler énergiquement à lui resembl
je ne dois plus m'attrister d'autre choses que
de l'offenser et de n'avoir rien à souffrir

ベルナデッタの筆跡

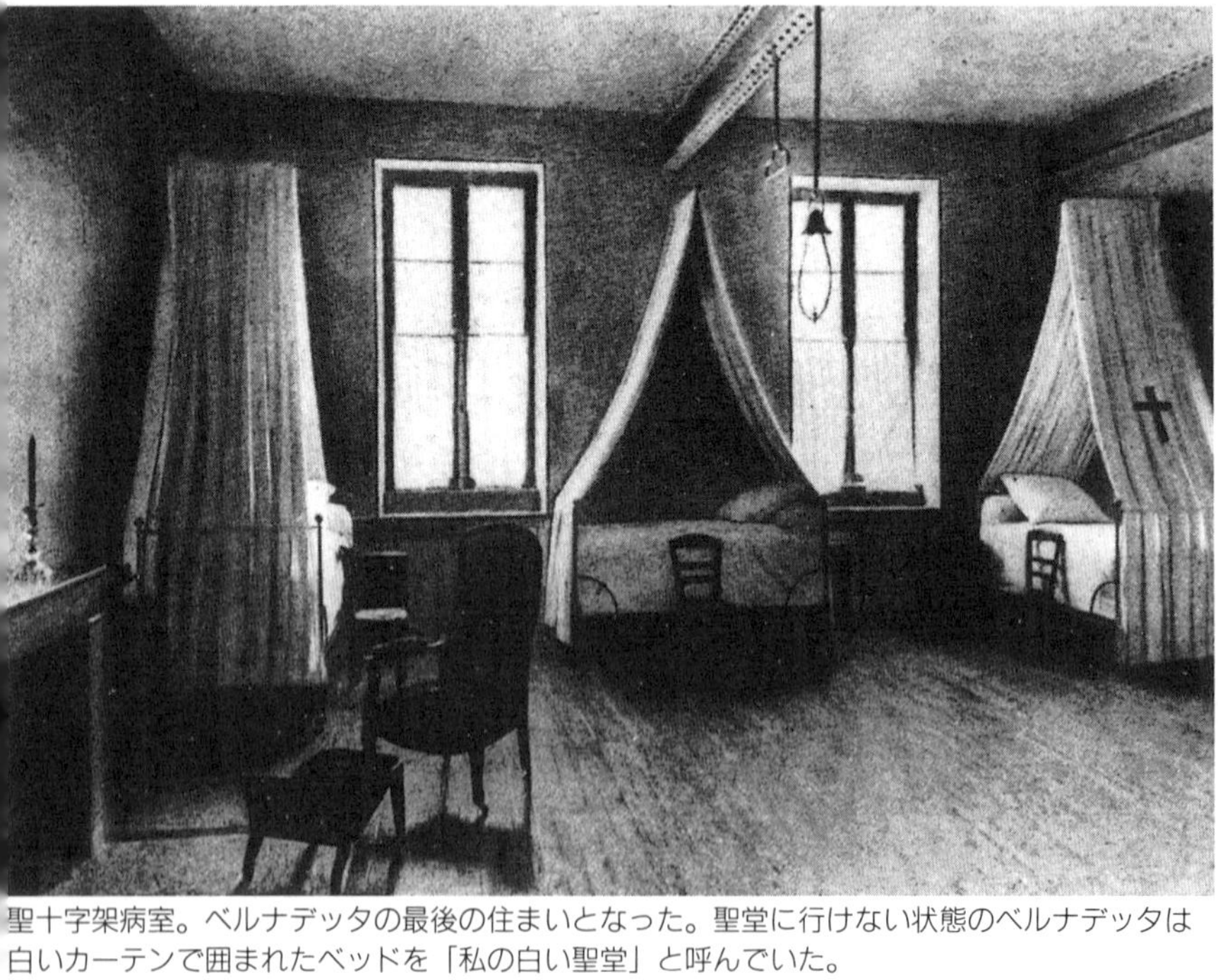

聖十字架病室。ベルナデッタの最後の住まいとなった。聖堂に行けない状態のベルナデッタは白いカーテンで囲まれたベッドを「私の白い聖堂」と呼んでいた。

14　ベルナデッタの日々の聖性――過越《すぎこし》のはじまり

ベルナデッタの一生が終わろうとしていた。彼女にとって永遠の世界に移る神秘的な過《すぎ》越《こし》の時である。この旅をするために、人はだれでも孤独を感じる。死に臨んだ者の研究をした医者の言葉によると、私たちは彼らの後ろ姿しか見られなくなるという。この過越の道を彼女は深い暗夜の中で、人には理解できない試練を経験しながら歩むのである。これは苦しみの暗夜であるが、同時に信仰と希望の暗夜でもあった。

光を放つ暗夜

ご出現のときの透明な光の後、いつもどおりの信仰の状態に戻った。今度は、夜空でトンネルに入って星が見えなくなってしまったような状態になった。ベルナデッタが生涯を終えるころは、彼女が少女だったころのように、沈黙し、隠遁し、貧しい状態になったのである。ベルナデッタに近づいた者にとって、またその旅の最後の時期を思い浮かべようとする私たちにとっても、この暗夜は神の光が放たれる時でもあろう。

魂のかなめ

もしベルナデッタの毎日の生活の中の動作や言葉を通してこの光線を見ようと思うならば、彼女の生活のかなめをつかむ必要がある。これは、毎日の聖性のことであって、そこには飾りもなければイデオロギーもなく、気取りも何一つない。ベルナデッタの聖性は、彼女の生涯に一致を与える深い方向付けから来るのである。この方向付けはその一生の初めと終わりを理解させ、どんなに霧や暗闇があっても初めから終わりまで、軽蔑されるときにも栄光のときにも、社会の中で自由に生きているときも、修道会の囲いの中で生活しているときにも、また健康なとき、病気のときを問わず、常に同じ基本線に戻る。ベルナデッタが最期を迎えるとき、彼女の聴罪司祭となり、彼女の心を一番深く理解し、また彼女に与えられた恵みを認め、これに尊敬を抱いていたフェーブル神父の言葉を借りて、この内的道程を述べてみたいと思う。

「謙遜なベルナデッタは、ヌヴェールのシスターの修道院の門を叩きに来たときから、すでに光、導き、方向づけを与える基本線をもっていたのである。この基本線こそベルナデッタだけでなく、彼女を完徳の道に指導する責任を託された指導者、および長上を助けるものであった。ベルナデッタは無原罪の聖母から告げられた秘密や忠告の言葉を思い出してこれを黙想し、そこから多くのものを汲み取り、また洞窟で行われた神秘的な事柄を深く理解し、求められる聖性の理想に達するための、人生の道しるべを汲み取っていた。

さらにまた、旧約時代の預言者たちが行いと生き方をもって自分たちが告げた神の教えを確認していたように、ベルナデッタもただ天からのお望みを人に伝えるだけが使命だったのではない。これを人の心に語りかけるための行いも要求されていたのである。彼女の絶え間ない苦しみは、人々に償いの道とその必要性、今の世において幸せになるのではなく、今とは異なる世界で幸せになることを教えるものであった。ベルナデッタはいつまでもルルドにいたときと同じように、自分を洞窟のほうへ引き付ける力、聖母マリアの訪問を受けるために自分を洞窟のほうへ引っ張るあの心の中の力を経験していた。そして、私たちが理解することのできないこれらの引力は、ベルナデッタを実行に移させるための非常に強い力であった」

フェーブル神父の言葉は淡々としていて、あまり表現がうまくはない。その表現はベルナデッタの一生のように、十九世紀の狭い枠の中にとらわれ、包まれている。その言葉がもつ光をとらえるためには、この狭い枠をはずさなければならないであろう。当時の信者のすばらしい献身的精神は、重い規則的な枠組みや文化的欠乏の中で発揮されていた。ベルナデッタは、ドゥラヴェンヌ師の福音的息吹から生まれたヌヴェール愛徳修道会にいた。当時そこは規則主義の狭い枠と、従順の狭すぎる解釈の仕方に包まれていた。これは規則主義で、規則の言葉で表現することのできない愛徳の誓願が廃止されたことからも理解できる。しかし、このような枠の狭さがあったにもかかわらず、ベルナデッタは福音の本質的な部分をとらえ、守り、再発見することができた。ベルナデッタこそ、この会の創立者ドゥラヴェンヌ師のカリスマを見いだすことができた人であり、フェーブル神父がこれを的確に把握したのである。

フェーブル神父がとらえたことは、ベルナデッタの聖性の中心が聖霊から来る内的なものだったということである。この魂の根底を貫く基本線は、ベルナデッタにとって欠くことのできないものであったし、また彼女の指導にあたった者も同じであった。

ベルナデッタの生き方の中軸は、ご出現のとき告げられた言葉だけではなく、むしろ「無言のうちに語る行為」から泉のようにあふれ出てくる神秘的で預言的な「生き方」であったと、フェーブル神父は述べている。ベルナデッタは、ルルドのメッセージを決まりや規則のように実行しはしなかった。彼女の力は内的なものであり、彼女はすべての掟を愛をもって生きたのである。繰り言もかけひきもなかった。ベルナデッタのこのダイナミックな力は、ご出現に先立つものである。彼女はずっと以前から生きる命の水の泉を理解することができた。この泉とは福音のことであり、マッサビエルでのご出現は、彼女のうちにこれを強め、方向付け、彼女が入会した修道家族はその理解をさらに助けただけである。

ベルナデッタの聖性の中心は、確かにルルドのメッセージではあるが、これは小さいときからベルナデッタに与えられたこの内的な泉の中に位置づけられるものである。

ルルドのメッセージ

マッサビエルでベルナデッタが告げられた二つの主な言葉は、「祈り」と「償い」であるが、これは福音に出てくる深い「回心」を意味する。つまり自分を神のほうに向けることである。しかし、ルルドのメッセージは他にもあったはずである。まず第一に貧しいベルナデッタが選ばれ、幸福の訪れを受け入れ真っ先にこれを聞いた大勢の人々が貧しい者だったという点を考えてみれば、神の選びにおける「貧しさ」ということである。警察署長のジャコメ氏も、自分の報告書の中にこの貧しさについて明確に書いている。そして最終的に考えると、このメッセージの意味は、メッセージを伝えたお方の名前とそのアイデンティティーにある。これは教会の姿であり、徹底的に福音を生きたマニフィカト（マリアの賛歌。ルカ1・46～55）の聖母のけがれのない泉から湧き出る恵みである。

ここにこそ、ご出現の意味がある。しばらくの間、目に見えるかのようになった聖徒の交わりのうちに、ベルナデッタはキリストの御母との出会いから多くのものをいただいた。マリアとの交わりは、幼いときから受けた伝統に従って、ベルナデッタが具体的に身をもって経験できる生きたかたちを通して実現された。太陽が闇を照らすときと同じように、光に包まれて現れたこの婦人を見たとき、ベルナデッタは、すでに信仰の暗闇の中で生活の中心にしていたものを、よりよく理解することができた。現れた聖母マリアの態度、その祈り、ほほ笑み、その悲しい顔こそ、罪びとに対する深い慈しみの写しであった。そしてそれは、ヒステリー的な態度などとは全く関係のない脱魂状態のベルナデッタの顔に反映されていたのである。群衆はこれを見ていた。彼女は頭を真っすぐにして、ただ上のほうを見つめていた。ベルナデッタは、イエスの人性をかたちづくり、教会の姿でもある神の傑作、聖母マリアを模範として、しっかりと聖母にならって生きた。

ベルナデッタの言葉を詳細に研究すると、驚くことがある。意図的な言葉も、自然に言った言葉も、すべてがごく自然に、ルルドのメッセージの中心と合致しているのである。それは、貧しさ、祈り、償いである。これこそベルナデッタの生涯に命を与えている基本線であり、あたかも木から枝が芽生え、花が花びらと色と香りを出すようなベルナデッタの内面の開花である。これは、フェーブル神父が認めた事実である。そしてこの謙遜な花であるベルナデッタは、彼女がずっと以前から予感していた模範、マッサビエルの洞窟のくぼみの中に現れた模範、すなわち、貧しい人々にこの福音を伝える使者、無原罪のマリアに似ている。

愛である神

ルルドのメッセージに出てくるこれらの四つの大切なテーマを中心にベルナデッタの言葉をまとめた後、さらにもう二つのキーワード、同じ基本線に立つ言葉が出てくる。その一つは「愛」、ギリシア語の「アガペ」という――最も高い意味での愛である。つまり三位一体と教会のすべて――神が私たちの上に注ぎ、与えてくださった唯一の愛のことである。もう一つは「神のみ」ということ。

この二つの言葉は、「愛徳修道会」の創立者ドゥラヴェンヌ師の霊性を現すものである。第一の愛徳はドゥラヴェンヌ師が創立した修道会の存在意味を表しており、サン・ジルダールにある本部修道院の切妻壁には、「神は愛である」という言葉が刻み込まれている。ベルナデッタ自身が自分のモットーとした「神のみ」は、ヌヴェール愛徳修道会の紋章に書かれている言葉である。しかしこれらの言葉は、ドゥラヴェンヌ師が福音から得たものであることは言うまでもない。ベルナデッタは、子ども時代から、これらの本質的なことに合致した生き方をしていた。彼女は洞窟でしたように常に同じ泉を見つけ、これを汚い泥から分けることを知っていた。

ルルドのメッセージの中心は、祈り、貧しさ、償いである。それは、マリアのマニフィカトにも、洗礼者ヨハネの教えにも、「心の貧しい人々は、幸いである、天の国はその人たちのものである……」（マタイ5・1〜12、ルカ6・20〜26参照）の真福八端《しんぷくはったん》のメッセージの中にも託されている福音の序文のような言葉である。同じようにベルナデッタの内的生活を要約する二つの言葉、「愛」と「神のみ」は、まさに福音の真髄に相当するものであり、いわば福音の中心的な言葉である。聖霊によって内的に導かれていたベルナデッタは、本能的にこの尊いものを自分自身のうちに実現させることができた。

ベルナデッタのことを深く研究したラヴィエ神父によると、念禱、償い、清貧、貧しい人と病人への奉仕こそ、ヌヴェール愛徳修道会の主たる目的であり、霊性の中心であったので、ベルナデッタがこの修道会に入ったということ自体が、神の深い導きを裏付ける。ベルナデッタの修道生活の中心はこれである。彼女の生活とその行動を見れば、詳しいことを言う必要はないが、その一つひとつがこの基本線に貫かれていることがわかる。

すでに、ご出現以前の貧しい生活の中にも、この福音的な基本線は現れており、最期のときまでそれは次第に明確になっていったにすぎない。つまり、点をもって始まり、のちには、まっすぐな一本の線として、はっきり見えてくる。

ベルナデッタのこの霊的な基本線は、その性格の健全な単純さと、幼いときから受けてきたゆるがない基本的な教えを礎にしている。家庭の温かい愛の雰囲気は、常にベルナデッタの生涯の大きな支えであった。十歳のときから彼女の心を苦しめた多くの試練、例えば、バルトレスでの小さなお手伝いさんとしての経験、困窮、恥辱などは、彼女が環境と時代から受けついだ、生きたキリスト教的伝統の恵みを現す機会であったにすぎない。ベルナデッタは非常にたしかな霊的感受性をもってこれらを受け止めた。よく考えてみれば、これこそ洗礼の泉からあふれ出るものであろう。

15　ベルナデッタの試練

前述の考察を経た後、私たちは今、ベルナデッタの生涯の最後の数カ月を辿っていくことができるようになった。しかし、その暗夜の深みに入る前に、まずベルナデッタの修道生活における日々の試練がますます激しくなっていったことに、しばらく目を留めなければならない。

ベルナデッタが受けたメッセージの一番理解に苦しむところをわかろうと思えば、ベルナデッタの修道生活の最後の時期、つまりこの世から天国に移るまでのことは、とても大切な期間である。つまりそれは「私は、あなたをこの世ではなく、別の世において幸せにすることを約束します」という一八五八年二月十八日に受けた最も心を揺さぶる、最も逆説的な言葉に関わることである。この終末的な約束は、ベルナデッタに人間的な支えを全部捨てさせ、彼女を終局的なものに向かわせる。否定的なかたちで示されたこの約束は、暗夜、十字架の聖ヨハネの言葉を借りて言えば、無を意味する厳しい約束である。

そこで私たちは、ベルナデッタの修道生活の毎日を織りなしていた試練を見つめながら、彼女がどのようにしてその最後の試練のために準備されていったかを研究していきたい。

遠くなったルルド

ベルナデッタの修道生活の第一の試練は、サン・ジルダールでの最初の日曜日、彼女の涙のもととなったあの別離、大好きだった田舎、特に洞窟からの別離であった。彼女は悪い後味を残すことなくユーモアをもってこれを乗り越えた。ベルナデッタにとって、涙は一種の虹のように、自分の召命を潤すありがたいものであった。しかし、バルトレスにいたときのベルナデッタは、ルルドへ帰ろうと思いついたら、何とかして帰ることに成功した。同様に修道者になっても、少なくとも何回かはルルドへ帰る許可をもらうことができたし、その許可をもらうようにと応援してくれる人もいた。しかし、彼女は自分のためには、この許可を受けようとせず、かえって他の人々のためにこれを使ったほどであった。

一八七一年、ジュリー・ガロスが「なぜルルドへ帰らないのですか」と聞くと、彼女は「決して帰りません」と答えた。そして「私のいるべき場所はここです。私はこの片隅でよいのです。私は死ぬまでルルドへは帰りません」、また「私にとってルルドへ帰っていくことは、大きな犠牲になるような気がします」。あるいはまた「ここにとどまるのが一番幸せなのです」と言っていた。ベルナデッタが期待していたことは、別のことであった。「ルルドへ帰る？　いいえ、私は天国で再びあの方にお会いするのです」と。

家族についての心配

ベルナデッタの第二の試練は、第一の試練と似ているが、これは自分の親族に対する長女としての、ルルドでいう跡取りとしての心配であった。ベルナデッタは伝統や人間関係を大切にするので、たとえ家や土地を離れたからといって責任がなくなるとは思っていなかった。むしろ、その責任を思う通り果たせないことを非常に苦しく感じていたのである。彼女は自分の家族の喜びや苦しみに心を合わせていた。特に次々と子どもを亡くした妹のトワネットの悲しみに泣き、親族の間で起こった争いの仲介にも一生懸命であった。

その上、自分の家の者がよく教えを守っているかどうかについても心を配った。彼女の妹の一人が、ルルドで信心用具を販売することになったことをとても気にしていた。できればこれをやめさせようとして手紙を書いたが、聞き入れられなかった。これは、病院付属の施設で生活したときの親しい友だち、シスター・ジュリー・ガロスに話したことである。しばらくして弟のピエールが、同じような商売を始めたことを聞いて、やっと承知したのであるが、日曜日（主日）を大切にしたいと思っているベルナデッタは、承知するけれども日曜には店を休みにするという条件をつけていた。

一八七三年十月、ベルナデッタはシスター・オレリーに言った。「家の者が金持ちになることを、私は決して望んでいません。家の者が神を愛し、正しい生活を送ることだけを望んでいます」と。三年経って、ルルドの親戚に会いに行くペロー神父に、ベルナデッタは伝言を頼んだ。「彼らが金持ちにならないように、是非そう伝えてください。金持ちにならないように」と。

訪問客

試練の中でも一番つらかったことの一つは、ヌヴェールの修道院に絶え間なくやって来る訪問客であった。止めようと思っても止めようがなかったようである。ルルドではベルナデッタにも使命感があった。自分だけが見たこと聞いたことに対して答え得るただ一人の人間なので、たとえどんなにいやでも、我慢強く人々に答えていた。それが自分の使命だと思っていたからである。しかし司教の責任のもとに巡礼が創始され、ベルナデッタがルルドを離れる少し前に聖堂の第一地下聖堂ができた後では、もう自分には用がないと考えていた。少なくとも巡礼のために彼女が必要ではなくなったので、隠れるためにヌヴェールに来たはずであった。

しかし、隠れることは、とても難しく、不可能に近いことであった。福音書にもあるように「山の上にある町は、隠れることができない」（マタイ5・14）のである。そして、次々と来る訪問客を全部断りきれないので、長上はかなり多くの例外を認める結果になってしまった。ベルナデッタはシスター・マリー・デルブレルに言った。「特に年の黙想の終わりがつらかったですね。人々が私をまるで珍しい動物か何かのように探すのですから」

ベルナデッタが亡くなってから、フェーブル神父と修道会の長上は、ベルナデッタは応接室に呼ばれることをとても嫌っていたと、イエズス会のクロー神父に語っている。彼女は身を隠すこともよくあったので、彼女を応接室に連れていくためには、いわば力ずくで引っ張っていかなければならないほどであった。見つけたときには、途中で励ましの言葉を言わなければならない。彼女自身、たいへんなことだといつも繰り返し言っていたし、拒むために「約束と違います」と抗弁することもあった。

従順をもってさとす必要もあったが、ベルナデッタの従順は、盲目的なものではなかった。彼女は、自由に自分の反応を表明した。あるとき、あるシスターが自分の親戚にベルナデッタを会わせようと思ってその許しをもらった。しかしこのシスターは彼女のところへ行って正直に「修道院長さまが許可を与えてくださったけれども、あなたにおまかせするわ」と言った。ベルナデッタは「まかせてくださるの？　それなら行かない！　行きません！」と言いながら走って庭のほうへ逃げていった。

ベルナデッタは決して小心ではなく、自分のことを狭く考えるような、その時代によくあった自虐的な態度はしなかった。あるとき、彼女が香部屋の務めをしていると、誓願式の間にベルナデッタを見たいと思っている人が聞きに来た。「シスター、ベルナデッタが座るところはどこかね？」と尋ねると、ベルナデッタは「お答えできません。今日、彼女はいつもの席とは違うところに座りますから」と答えて逃げてしまった。

一八七一年二月、本部に来たばかりのシスター・ヴィクトリーヌ・ジラールは、修練院で隣の席の人に「お願いです。シスター・マリー・ベルナールを教えてください」と頼んだ。この隣の席にいた人こそベルナデッタであった。彼女は、「はい、そう致します」と、とても用心深く答えた。その翌日、シスター・ヴィクトリーヌ・ジラールが、他の人に前日と同じことを頼むと、「昨日、あなたの隣にいた人がシスター・マリー・ベルナールですよ」と言われた。

あるとき、シスター・オーギュスタン・フォールは、自分の知っている神父にベルナデッタを見せようと思って、目上から許可をもらい、ある廊下をベルナデッタに通らせようとした。しかしその理由を知ったベルナデッタは、「もう、仕返しをしますよ」とおどけてみせた。

ベルナデッタを見たがっている人々が、ちょうど近くを歩いているベルナデッタに立ち止まってもらおうと、あるシスターに頼んだ。このシスターは、あたりに咲いている花のことを声高に話し始めた。ところが、ベルナデッタは、また自分を見せるための策だと気づいて、足を止めずにそのまま通り過ぎてしまった。そして後から「あなたはおしゃべりなのね」と言うのであった。

あるシスターは、ベルナデッタを見たがっている人々のために、もっといい方法を思いついた。三歳のめいを彼女に見せたのである。ベルナデッタは子どもが好きなので、喜んで立ち止まり、すぐ親しいかかわりができた。それは人に見られることとは別のことであった。

行列が行われていたある日、一人の婦人がベルナデッタを見つけ、つかつかと近づき、露骨に喜びを表現していた。するとベルナデッタは「いたずらしましょうよ」と言った。そして修道院の壁と椅子の間に透き間を見つけて、姿を消してしまった。婦人が慌てて「あ、彼女はどうしたんでしょう?」と言うと、シスター・ベルナール・ダリアスは「おばさまがおしゃべりをしすぎたんですよ」と答えた。

長上たちは、ベルナデッタを人々の好奇心から守るために力を尽くしたが、どうしても例外を作らないわけにはいかなかった。修道院を訪ねてくる司教たちには、ベルナデッタに会う権利があったからである。まずヌヴェールの司教たち。フォルカード司教、ド・ラド司教、ルロン司教。その他ベルナデッタに会いに来た司教は、少なくとも十二人くらいいる。その中にはパリのバチカン大使のキジ司教、および有名な説教師で政治に関係したデュパンルー司教などがいて、おそらくその他にも名前の知られていない人々がいる。しかしベルナデッタは言う。「あのかわいそうな司教さまたち、こちらに来られるよりも、ご自分の教区にいらっしゃればいいのに！」と。

あるとき、フォルカード司教がもう一人の司教と一緒に来るという知らせがあった。「司教さまがあなたに会いたいと言われましたよ」と言うと、ベルナデッタは「さあねえ、私に会いたいよりも、私を見せたいのでしょう」と答えた。このようなことから、ベルナデッタの気持ちを察して、彼女に知られないように見せようとすることもあった。

シスター・ビクトワール・カッスーは言った。「あるとき、ロデスのブーレ司教が、サン・ジルダールに来られたついでに、シスター・マリー・ベルナールを見たいという希望を述べられました。そこで、彼女を司教に見せるために、本人に気づかれないように一つのことが考えられました。共同体の全員が修練期に使う集会室に集められ、その中からまずロデス出身のシスターが司教に紹介されるために呼ばれ、続いてピレネー地方の人たちが呼ばれました。司教は自分の指輪に接吻させるために、一人ひとりの前を通っていくのですが、そうしている間に、修道院長が一人ひとりについて少し紹介の言葉を述べるのです。シスター・マリー・ベルナールは、すぐにその理由を見抜き、『ああ、またか』とつぶやき、『何とかしましょう』と言うと、自分の番にならないうちに、運よくそばにあった非常口から逃げていってしまいました。『免償の四十日はどうするのですか』と私が聞きますと、彼女は『イエスさま、あわれんでください』と唱え『これでも三百日の免償があるのよ』と答えるのでした」

つまり、司教の指輪に接吻すれば四十日の部分免償だが、射禱を唱えれば三百日の免償があるという当時の考え方であった。しかしブーレ司教はあきらめず、ベルナデッタととても深い内容の話をすることができた。

何とかしてベルナデッタと長い話をすることができたもう一人の司教は、病室に寝ているベルナデッタの見舞いをすることを許されて、妙な考えを起こした。司教は小さな司教帽を何気なく手に持っているふりをして、わざとベッドの上に落とした。ベルナデッタに拾ってもらいたかったのである。ベルナデッタは動こうとしなかった。話の種がなくなった司教は「帽子を返してください」と言った。ベルナデッタは「司教さま、私はその帽子をくださるようにお願いしてはおりません。どうぞ、ご自分でお取りください」と答えた。しかし、そばにいた院長の命令もあり、ベルナデッタはしぶしぶこの帽子を拾って司教に渡したのである。

洗練されていない性質

ベルナデッタは、自分の性質に対してかなり責任を感じ、闘わなければならないと思っていたし、自分の試練の一つだとも思っていた。当時は、偽善的な結果が生じる危険があることに気がつかないで、自分に逆らうような態度をとることが奨励されていた。しかしベルナデッタの場合は、幸いに性格が健全で、とても賢明であった。ただ、自分の性格の粗野な面については、いつも残念に思い「今も、私は激しい性格をもっている」と言っていた。また「それは胸の中で煮えたぎっているのよ。人は胸の中にあるものになかなか気がつかない。でも、自分を抑えようとしなければ功徳もないでしょう」とも言っていた。彼女自身、時々思うとおりにうまくいかなくて、ひどく落胆することもあった。しかし、これらの難しい時はまた、再び希望を見出す時でもあった。彼女は、ご聖体と祈りのうちに希望を汲み取っていた。

あるとき、いよいよ最期かと思われるほどの喘息の発作が起きた。そのときベルナデッタは「どうぞ心配しないでください。まだ死にませんから。その前に私の中にある古い人が死ななければならないのです。でも、その古い人はまだ健在です」と言った。また、彼女は自分の闘いの難しさについて、非常に正しく解釈していた。「私たちの第一の動きは、私たちの責任ではないのよ。でも、第二の動きは違います」と、シスター・ジュリー・ガロスに言っていた。時間を十分にかけて闘わなければならないことを受諾し、嘆息しながら「ああ、わが神よ、私に忍耐をお与えください」と嘆願していた。

役に立たない

ベルナデッタにとって、一番つらかったのは、思うとおりに奉仕の生活をすることができなかったことである。特にこれは、自分の召命の目的に反するような気がしていたので、落胆も大きかったようである。役に立たない、あるいは何もできないと言われることは、彼女にとってたいしたことではなかった。本当につらかったのは、役に立てないことであった。人に仕えたり、看病したり、他人を手伝ったりする可能性を奪われ、現実に何の役にも立っていなかったことが、最もつらいことであった。人は、目に見えるかたちで自分を表明することによって、自分自身を確認し、人の目にも自分の目にもその実現を知るようにするからである。

長上の厳しさ

しかし、ベルナデッタの一番有名な試練、本や映画でよく知られている試練は、彼女に対する長上の厳しさである。一八七八年五月一日に亡くなった総長メール・ジョゼフィーヌ・アンベルもその一人であり、修練長のメール・マリー・テレーズもそうであった。

この試練については否定することができない。列福式の二つの調査のとき、これについて証言した多くの証人がいる。しかし、これをうまく利用した人々が、大げさに想像を広げて、事実に反する神話に変えてしまったことも事実である。いろいろな理由のため、いろいろな角度から、これを書くときに多くの行き過ぎがあった。

第一に、長上たちはみんなにとても尊敬されていて、ルルドの聖母マリアを見たベルナデッタに対して厳しい態度をとるとき、シスターたちは特別にそれに感づいていたのである。

第二に、列福および列福調査を行った調査官が、従順あるいは徳の英雄的な点を確かめる段階で、ベルナデッタの聖性を認めない人たちの反対論を十分調べる必要があったため、列福調査にはこの点についての事実が非常に詳しく述べられているのである。ただ、その調査官が確かめたかったことは、もし言われているとおり長上たちがベルナデッタに厳しい態度をとっていたとすれば、それは厳しく扱う理由があったからではないのか、ということであった。そのようなときに、修道生活の細かいことがうるさいほど述べられているのは、ベルナデッタの場合だけではない。リジューの聖テレジアの列福調査でもカルメル会をほとんど二分するような争いになってしまった。ヌヴェール愛徳修道会の場合は、このようなことはなかった。

第三には、公文書に出ていることの他に、もっとひどいことが隠されていたのではないかと疑う人もあったが、幸いにヌヴェール愛徳修道会の資料室にあるすべての書類を調べた結果、まったくそのようなものは一つもないことがわかったのである。

これから、専門家の調べたところによる長上のベルナデッタに対する厳しさについて、そのまま述べてみようと思う。先にも言ったように、長上が厳しかったのは事実である。しかし厳格な時代であった当時としては、一般的な方法であって、ベルナデッタの場合もその一例にすぎない。ヌヴェールでは違っていたが、他のある修道会では、修練長を務める人は、現在の私たちが驚くような、いわばシゴキの方法をとっていた。

サン・ジルダールでは、不合理で残酷で嫌悪感を起こすようなことはなかったのであるが、従順の養成のために、人の自由意志を砕くように努めることはあった。教育者として、このような試練を人の性質に合わせて与え、特に強い反発心のある者に対しては、この試練を多く課したのである。

ベルナデッタの場合は、特別な体験の持ち主であったので、この試練が多く課された。甘えさせないため、というのが理由であり、十分うなずける。しかし特別に厳しい養成を受けたのは、ベルナデッタだけではなかった。その上、長上としては、ベルナデッタに対して自然に心にもっていた尊敬を表せないので、自分たちを抑える必要もあったのであろう。これらの理由だけでも総長メール・ジョゼフィーヌ・アンベルの態度を十分理解することができる。

この総長は、特別扱いをすることを恐れて、ベルナデッタを辱め、冷たく扱っていた。あるとき、ローマから帰ってきた総長は、一人ひとりの修練者を抱擁して、一人ひとりに言葉をかけていた。しかしベルナデッタの番になったときには、彼女を抱擁するだけで何も言わなかった。フォルカード司教の証言によると、総長はベルナデッタのことを役に立たず、頭が悪い者として扱ったこともあったようである。ベルナデッタは言っていた。「おお、私はメール・ジョゼフィーヌが怖いのです」と。しかし列福調査のとき、秘密を守る約束で証言されたことを記述する多くの書類の中には、その他何も見当たらない。

修練長のメール・マリー・テレーズの場合は、もっと複雑である。彼女がベルナデッタに加えた試練の中には、他の人と全く同じようなものが多いのである。地面に接吻することと、これは当時、非常に広く使われていた償いの一つであった。あるシスターの証言のように「修練院の集会室の床を見て、接吻しなかった場所を探しても、そんなところはどこにもありません」と言うくらいである。

また、頭が悪いとか傲慢だとか言われたのは、ベルナデッタだけではなかった。修練長のベルナデッタに対する態度については、証人の証言が多少違っている。ベルナデッタとともに修練者であったシスター・ステファニは、「私がベルナデッタでなくて幸いだと思ったことがあります」と言っている。

しかし、特別に厳しく扱われたもう一人のシスター・ジュリエンヌは言う。「私にしてみれば、不正や、固すぎることに気づいたことは一度もありません。修練長はシスター・マリー・ベルナールに対して、かわいがることもなく、さりとて不正もないような扱い方をしていたにすぎません」と。

しかし、ベルナデッタがメール・マリー・テレーズに幾分か恐れを感じていたことは間違いない。それにもう一つ、ベルナデッタに対する修練長の態度が、少しずつ変わっていったということも明らかである。最初にあった気持ちは、聖母マリアに特別に愛されている子どもを迎えるのは、非常に幸せだと思っていたということである。ベルナデッタが修練院に入る前に、彼女はそういうことを修練者にもらしていた。また修練期の最後のころのある日、修練長はベルナデッタを早めに寝室に返した後で、修練者たちにベルナデッタのことを長々と話したことがある。そのとき修練長は、「あなたたちは幸せですよ。聖母マリアを見たその目を見ることができたのですから」と言った。

またベルナデッタが危篤状態におちいって誓願を許されたとき、修練長は「私たちはあの人を修道院にとどめておく資格がない不肖なものです。けれども、もう少しとどまることができるように神に切にお願いしましょう」と言った。メール・マリー・テレーズがベルナデッタに「あなたのために試練のときが来ましたね」と言ったのは、そのすぐ後であった。それは一八六七年二月のことである。つまり修練長の与えた試練は、教育方法として故意にしたことのように思われる。

しかし、よく考えてみると、理由としてはもう一つあるように思われる。それは、おそらくベルナデッタは修練長にとって期待はずれであったことで、「ふつうの修道女ですよ」と言っていた。修練長は聖性について、キリストを中心としたかなり厳しい要求をもっていた。これについては、ベルナデッタの考えも同じはずであったが、修練長としてはいくつかの目立った神秘的現象や英雄的な徳も、聖性にとって欠くことのできないものだと考えており、内的にルルドの聖者が導かれていた謙遜な目立たない道とは違っていたのである。

ベルナデッタの道は、貧しい者の道、福音に従う隠れた道であった。そこには目立った業《わざ》もなく、自分の内的なものを意識することもなく、ただ貧しい者の中で最も貧しい者である聖母マリアのように、完全な透明度をもつものであった。それは修練長が自らつくりあげていた聖性の概念とは異なるものであった。

メール・マリー・テレーズは、ベルナデッタが列聖されるなどとは考えもしなかったので、「ああ、私はベルナデッタの列聖調査のためには、決して投票をしませんよ」と言っていたという。彼女は一八八一年の一月から一八九九年の五月まで総長を務めたが、その期間中にローマに申請してベルナデッタの列福調査を始めるなどということは、問題外であった。その後で総長になったメール・ジョゼフィーヌ・フォレスティエはこのことをよく知っていた。メール・ジョゼフィーヌが調査を始めることを提案したとき、メール・マリー・テレーズは「私が死んだ後にしなさい」と答えた。

いったい何が気にかかっていたのだろう？ ベルナデッタには自尊心の強いところがあっ

た。これについてメール・マリー・テレーズと議論したシスター・ファブルは、次のような裏付けしか聞かされなかったと言う。あるとき、ベルナデッタが想像で考えたたとえを説明しようと、地面に輪を書いて、同僚に「自尊心のない人は、この輪の中に手を入れなさい」と言ったという。この遊びを説明するために、ベルナデッタは自分の手を輪の中に入れていた。もちろんそれは説明のためであったが、メール・マリー・テレーズは実に傲慢なベルナデッタをそこに見たと思った。

しかし、ベルナデッタが自分に自尊心がないと思うようなことは、絶対になかったはずである。むしろ逆で、ベルナデッタには誇りがある。感受性が強い。気難しさもあった。そして不正には我慢ができなかった。また自分には傲慢の傾向があると考えていた。おそらく、本人が考えるほどのことではなかったかもしれない。ベルナデッタの口から出た言葉がそれを裏付けている。彼女は最後の日まで、自分自身の傲慢に対して闘っていかなければならないことを、はっきりと認識していた。ベルナデッタはジャンヌ・ヴェルデールに「私の自尊心は、私が死んだ後、十五分ぐらい経たなければ死なないでしょう」と言っていた。

メール・マリー・テレーズがベルナデッタのことをあまりよく思っていなかった理由は、他の面から明らかになる。第一は、メール・マリー・テレーズがルルドに対して幾分かの疑いをもっていた。例えば、「でも、バラの木に花は咲かなかった」と言ったことがある。

また、一八九五年および一八九六年に、メール・マリー・テレーズは、本部の修道院付きで非常に熱心にルルドの説教をしたボワイヨー神父に、自分の疑いの理由を他にも挙げたことがあった。「司教団の中に、ルルドの出現を信じない者がいる」と言ったのである。例としてオルレアンの司教デュパンルーの名前が挙げられたが、他の証言からすると、この司教は「信じる」というときと「信じない」というときがあったようである。

もう一つ、メール・マリー・テレーズは「あの子は小さな田舎の子でした。もし聖母マリアが地上のどこかで、だれかに現れようとなさるなら、どうしてこんなに教養のない行儀の悪い田舎娘を選んだのでしょうか。むしろ徳の高い修道女を選ぶのが当然でしょう」と言った。このような言葉を聞いた修道院付き司祭は、顧問の三人のシスターに、メール・マリー・テレーズのその言葉を伝えて「驚きました」と言った。すると三人のシスターたちは、「ご存じなかったのですか？　敬愛する総長さまは、ルルドのことについてあまり関心をもっておられないのです。私たちも同じことを聞かされたことがあります」と答えた。

しかし、これだけで判断するのは早過ぎる。メール・マリー・テレーズは死ぬ間際になって、「ルルドの聖母、私の最期をお助けください」と祈ったと言われている。メール・マリー・テレーズのルルドについての疑問は、メール・マリー・テレーズが非常にクラシックな霊性をもっていて、新しい信心、出現、カリスマなどを警戒するその性質にあった。メール・マリー・テレーズの信心は、聖心のかたちでのキリストに対する信心であって、マリアのことをあまり大きくすることや、庶民的な信心を好まなかったのである。その点において、彼女は今の時代に現れる傾向の先駆者の一人だと言える。

第二の理由は、メール・ボルドナーヴと他の証人が言っているように、修練長の生まれた環境とベルナデッタの環境とがあまりにも違っていたことである。メール・マリー・テレーズは言った。「私は、聖母マリアがベルナデッタに現れたことを理解できません。もっと他にも、はるかに繊細で上品な魂がたくさんいるのに」と。

第三の理由として、その食い違いの最も決定的な説明がある。メール・マリー・テレーズは若いシスターが自分に心を完全に打ち明けることを好んでいた、ということにある。ベルナデッタは内的であった。メール・ボルドナーヴの証言だが、メール・マリー・テレーズは修練者の信心を評価するとき、修練者たちが自分に打ち明けることを基準にしていた。そのためベルナデッタの心がそれほどデリケートでないと思っていたようで、メール・マリー・テレーズ自身がそれを認めている。「私がベルナデッタに何か言わなければならないときには、なんだか苦しい思いをもって言う傾向がありました。修練院において、私はその人たちの前にひざまずきたいと思う修練者が何人かいましたけれども、ベルナデッタの前ではそういう気持ちは起きなかったのです」と。

ベルナデッタのメール・マリー・テレーズに対する態度もそうであった。フェーブル神父も言うように、彼女が自分のことを打ち明けるのは、自分と同じような素朴な人たち、特に子どもの前であった。しかしあまり単純さのない人たちの前では、心を閉じていた。また彼女が、他の長上に喜んで心を打ち明けていたことも、この二人の関係を悪くしたようである。特にシスター・レオノール・カッサーニュが、ベルナデッタに深く信頼されていた。そこからメール・マリー・テレーズの心には、暗いものが生じたようである。ベルナデッタも他のとき、第二の総顧問のシスター・ナタリー・ポルタには、自分の心の悩みを打ち明けることがあったが、それがメール・マリー・テレーズの気を悪くすることがあったと、ガルニエ神父は証言している。つまり、メール・マリー・テレーズは、ベルナデッタの単純さだけではなく、彼女の内的な秘密や心の状態を全く分析できない素朴で率直な透明度の高い神秘的なところにぶつかってしまったのである。

第四の理由として、メール・マリー・テレーズの性質は、非常に敏感で固定観念を抱きやすいところがあった。本人もこれを意識して、ベルナデッタに対して厳しすぎたのではないかと気にしていたことがある。晩年、ルルドでの黙想のときに、メール・マリー・テレーズはフォンフルワードのシトー会の大修道院長レオナール神父に、その点についての意見を求め、神父は彼女を安心させた。そのためメール・マリー・テレーズは亡くなる二カ月前に「メール・ジョゼフィーヌ・アンベルと私が、シスター・マリー・ベルナールに厳しくすることを、神さまはおゆるしになりました。それはベルナデッタに謙遜を守らせるためだったのです」と言った。

最後に、第五の理由としては、当時は、率直で自然な飾り気のない話し方が、あまり高く評価されていなかったということがある。その点は今と全く違っている。メール・マリー・テレーズの修練者についてのメモには、ベルナデッタについて「性格が固い。簡単に気を悪くする」と書かれている。その他「信心深くて、謙遜で、奉仕の精神がある。整理整頓がすばらしい」とも書いてある。

ベルナデッタにとって、厳しく扱われるのはとてもつらい試練のようであった。メール・マリー・テレーズは非常に豊かな人格をもった人であったので、修練者の心を引き付けるところがあった。しばらくのちに、彼女がほとんど全員から総長にと望まれたことでも、それはわかる。しかも彼女は、ヌヴェール愛徳修道会の歴史の中で、最もすばらしい総長の一人だと思われている。

メール・マリー・テレーズが病室に見舞いに来るとき、ベルナデッタはとても喜んでいた。旅行から帰った修練長の胸に飛び込んだベルナデッタのことも前に述べたとおりである。

メール・マリー・テレーズに対する修練者たちの態度は、ある点から説明できる。当時は、社会生活の経験のない若者たちが修道院に迎えられたため、修練者に霊的幼児の道が勧められていた。そのため、神の代理であると言われる長上には、一種の後光が付け加えられて、長上は神のみ旨のしるし、あるいは仲介者である大切な存在とされた。

こうして修練長は体制を代表し、ベルナデッタには一種のカリスマ的な力があったので、その二つの間に緊張が生まれたことも不思議ではない。しかし、メール・マリー・テレーズが、この点について妬みを感じたことはないと断言できる。メール・マリー・テレーズは、人々の注意を引く中心であるベルナデッタを破滅させてしまおうなどとは全く考えず、かえって修練者の教育のためにベルナデッタを使ったことが度々あった。メール・マリー・テレーズは自分の力を信じ、十分、人に支持されていることを知っていたので、ベルナデッタの影響を恐れることはなかった。その上、ベルナデッタの立派な従順は、いくらかの行き違いはあっても修練長をあまり心配させるほどのことではなかった。しかし、多少人間関係の難しさは残っていた。

この難しさについて、ベルナデッタにも責任がなかったとは言えない。なぜかと言えばベルナデッタは、単純にすべての点においてすぐ言うことを聞くような性格ではなかったからである。またベルナデッタの受けた使命から、彼女には警察署長や検事、判事、主任司祭などに抵抗するような経験があったということもあろう。ともかく、あまりにも異なる性格をもつこの二人の女性の間には、反発のうちにも、どこか共感し合うものがあった。

その一つのしるしとしては、ベルナデッタが病気で病室にいたころ、時々病室には入らず廊下を通るメール・マリー・テレーズが、一種の親しみの合図として軽い咳払いをすることがあった。ベルナデッタもやはり同じような方法で応えていたことがある。この小さなしるしからもわかるように、二人ともコミュニケーションをとりたいのだが、うまくできないところがあったのである。

最後の試練

今から、ベルナデッタの最期のときに、非常に深い影響を及ぼした試練について述べなければならない。そこには心の試練と体の試練の二つがあったが、シスター・マリー・ベルナールに言わせれば、心の試練のほうがはるかに苦しかったのである。

16　暗闇の中を歩む――ベルナデッタの隠れた試練

十二月十二日から亡くなる二カ月前まで、ベルナデッタは再び特別に苦しい状況の中で、尋問と調査を受けなければならなかった。

クロー神父

一八七八年八月二十四日、イエズス会のクロー神父は、サン・ジルダールに到着した。このイエズス会の司祭は、ご出現の歴史的な事実について書くようにと頼まれていた。ルルドの修道院付き司祭が以前、ご出現の小さな歴史書を出そうとしたが、そのときラセール氏はベルナデッタを動かしてまで、司教およびローマの教理聖省に手紙を送って彼の試みを妨害してしまった。クロー神父は前々からルルドの出来事に非常に関心をもっていた。

この神父は、一八六四年と六五年にベルナデッタに会ったことがある。そしてそのときから、彼はご出現の歴史を書くことを考えていた。早速成し遂げたいと思っていたが、残念なことに、それはすぐには許されなかった。この神父こそ本当の調査官の才能があって、彼がゆっくりベルナデッタからいろいろなことを引き出すことができたならば、ルルドの出来事はもっと詳しく知られたに違いない。しかし、クロー神父の長上たちは、ベルナデッタのことよりも、イエズス会にとって大切な聖ジャン・ベルクマンスの伝記を書くようにと命令した。そのため、やっと一八七七年、つまりベルナデッタの両親をはじめ、他の多くの証人が死んだ後で、クロー神父は二十年後にまだ生き残っていた多くの人を対象として、その調査を始めることができた。一八七八年の春、クロー神父はルルドで二百人以上の証人の証言を求めた。そのうちベルナデッタの乳母、二月十一日に一緒にいたベルナデッタの友だちのジャンヌと妹のトワネット、水車小屋のニコロなどに話を聞き、そして彼らの言葉を全部そのまま書きとめた。

しかし、科学的に書くために、自分の目で直接にご出現を見た唯一の証人、つまりベルナデッタにも質問しなければならないのは当然であった。考えてみると、一八六四年、クロー神父がベルナデッタに会ったとき、彼女はこの神父を信頼して、自分からすすんで「詳しいことを全部神父さまにお話ししましょうか」と提案したことがあったが、神父はそのときまだ本を書く計画がなかったので「そう全部聞かなくても、信じているから結構です」

と断ってしまった。

壁にぶつかる

八月二十四日、クロー神父はサン・ジルダールに着いた。その前から調査のために関係のある所を全部回るという、そのうまい方法によって彼は相手の信頼を得、今まで人の見たことのない参考資料を引き出しから出してもらうことに成功していた。その上、一八五八年のご出現の年にルルドで勤務していた公務員、警察署長などの、隠していた下書きの類まで出してもらうことができたのである。

どこでも成功に終わったのであるが、ヌヴェールでは外交手腕のあるさすがのクロー神父も壁に突き当たってしまった。シスターたちが、前のラセール氏のときと同じような問題が起こるかもしれないと思って受け付けないのである。また長上たちは、ベルナデッタにもうこれ以上、訪問客の苦しみを与えないことを約束していたので、再びベルナデッタにこういう著述家を会わせたくなかった。ふだんなら十分な説得力をもつ神父が、巧みな言葉、もっともな理由を述べても、ただ厳しく禁止されるだけであった。

シスターたちは、司教の許可が必要だと言う。ところが司教は「シスターたちの問題だから、私は何もできない」と答えた。クロー神父はまず責任ある地位にない人の信頼を獲得するのに成功した。司教に仕える者の信頼、郵便局の電話交換手の信頼。しかし結局、すべてはだめになってしまった。この人たちを利用して、もう一度司教からの返事をもらおうと彼は司教館を訪れた。玄関で待たされていると、司教の怒った声が聞こえてきた。「こういう人を私のところには絶対に入れないでくれ」と言っているのである。最後のチャンスを求めて、彼は再び総長のところへ行った。「聖母マリアが総長さまの心を曲げてくださるように願います」と言うと、総長は「私の心は曲がっていません。真っすぐです」と言うのであった。

教皇の仲介

もはや、教皇以外に道を開ける人はいないということになった。一八七七年十一月、クロー神父はこれを提案した。翌年の十一月、ランスの司教がこのクロー神父の願いをローマにもって行き、十二月八日に返事をもってきた。

レオ十三世聖下はクロー神父の仕事を助け、あるいはその仕事のために証言する人をあらかじめ祝福するということであった。とうとうベルナデッタとその長上たちは、教皇の命令である以上、何かをしなければならない段階にたちいたった。再びサン・ジルダールの長上との話し合いが始まった。

しかし、サン・ジルダールでは、クロー神父を絶対に受け付けなかった。クロー神父はあまりにも説得力があって、許されないところまで入り込むので怖かったのである。その代わりに、以前ルルドの出来事の小さな歴史を書くとき、非常に低姿勢でよけいなことや無理なことを要求しなかったルルドの聖堂付き司祭の院長、サンペ神父ならいいということになった。こうしてベルナデッタは、またもや尋問を受けることになったのである。

質問ぜめ

一八七八年十二月十二日、サンペ神父はクロー神父が用意した質問書を彼女に渡した。その五十の質問に対する答えで一番多かったのは、「覚えていない」であった。時間が経ってルルドから遠く離れてしまったベルナデッタの記憶から、細かいことは消えてしまっていた。すでにヌヴェールに来てまもなく、彼女は日付を忘れていたし、ご出現の一つひとつの特徴をあまり区別することができなくなっていた。

歴史を書こうとする者の間の論争は、二度ともう直接に見ることのできない過去のことを、完全に復元させることは非常に難しいというところから来ているのである。そのことは、ベルナデッタも経験で知っていた。そして我々は、ベルナデッタの証言したことを研究すればするほど、彼女が非常に正直であったことを知るのである。想像力を働かせて、出来事やメッセージを飾り立てて長くする人たちと違って、彼女は最初のときの証言に、一つの出来事も付け加えなかったのである。ベルナデッタは解説するのではなく、内面化してしまっていた。つまり出現を内的な事実と化し、これを外に表すことができなくなっていたのである。彼女にしてみれば、遠い苦しい距離を通しての記憶を思い起こすことはできなくなっており、それに心を留めることもできなくなっていた。

しかしその中から散発的に思い出が浮かんでくることがある。サンペ神父の前で、ベルナデッタは一つのことを思い出した。一八五八年二月十一日、彼女が裸足でガブ川を渡ったとき、水が温かかったという。また、そのとき自分が知っていた祈りのことも、きちんと言えるのであった。「パーテル」「アヴェ」「クレド」(「主の祈り」「聖母マリアへの祈り」「使徒信条」)。それらは、フランス語の祈りであったが、「原罪なくして宿られたマリアよ」という祈りも知っていた。しかし、それよりもベルナデッタが思い出すのは、聖母マリアが自分に言われた方言のままの言葉であり、彼女が言ったままに筆記された。

翌十二月十三日、とても平和で緊張のないベルナデッタに、サンペ神父は会うことができた。そのときベルナデッタは幼いころの思い出を話した。自分の代母の主人であり伯父にあたる人にまつわる思い出である。伯父がベタラムからの帰りに、ベルナデッタとその友だちのために、いくつか小さな指輪をお土産としてもって来た。しかし、ベルナデッタの指はあまりに細く、すべての指輪が大きすぎたので、ベルナデッタはがっかりした。伯父は彼女を慰め、今度はきっと指に合う指輪を持ってくる約束をした。彼は約束を守って、次のときに小さな指輪を持ってきたが、今度は小さすぎた。しかしベルナデッタはあきらめず、歯で一生懸命に嚙んで大きくした。やっとのことで指輪をはめることができたが、窮屈なので指に食い込んだ。とうとう痛んで腫れてしまい、結局やすりで指輪を切らなければならなかった。この話をしたベルナデッタは、心から笑いながら「あのときから私は決して指輪を欲しがらなくなりました」と言った。

もう一度、ベルナデッタの口から出現のときの話が語られたが、クロー神父はそれだけでは満足しなかった。彼女のあまりにも簡単で率直な答えに対して、彼には異議があった。「ベルナデッタはなぜこういうことを忘れたのか？　なぜ細かいことについて以前と異なる証言をしたのか？　特に日付については？」。クロー神父にはどうしても納得ができなかった。ベルナデッタの今回の話によれば、ベルナデッタが聞いた聖母マリアの言葉のほとんどは、初めてマリアの声を聞いた二月十八日のものということになってしまう。しかし、ベルナデッタは頑固で、いくらクロー神父が正しい反論をしても、いっそう頑強に、証言したとおりですと言ったり、かえって違ったことを強弁する結果になってしまった。クロー神父は、説得力のある理屈をつけて、またたくさんの質問をした。そして今度は、回答を断るわけにはいかないのである。レオ十三世の許しを得てなされた質問なのだから。

質問される度に、ヌヴェールのシスターはますます声を高くして「最後ですよ」と言うのであるが、クロー神父の忍耐強さに抵抗できず、彼の質問状をベルナデッタのもとへ持っていった。一月十二日、三十日、そして、一八七九年の三月三日と……。

ご出現についての暗夜

たくさんの質問がされることは、ベルナデッタには非常に苦しいことであった。一八七七年、ベルナデッタがもらした言葉から、私たちは驚き、そしてその苦しみを理解することができる。どうしてもベルナデッタに会いたいと思って来たロデスのブーレ司教に、ベルナデッタはその点について打ち明けていた。一八七七年九月一日のことであったが、ベルナデッタはこの司教に「小さいときのご出現について話すのはいやです」と言い、「もう遠い昔のことで、そんなことを覚えていませんし、これについて話したくもありません。

もし間違っているとたいへんですから」と言うのであった。

このような言葉に、驚きはしないであろう。神秘的な現象を経験した聖人の中には、このような例や疑問は他にもたくさんある。脱魂状態はあまりにもまぶしい光の時なので、後になってそのような特殊体験を目の前に浮かばせるのは、非常に難しいことであろう。北極の近くに住んでいるラポ人が、冬の長い夜の間、夏の夜の太陽の光を思い浮かべられないのと同じではないか。また私たちにしても、雨の日、くもりの日が長く続いているとき、日照りの日々をうまく想像できないこともあるのではないか。リジューの聖テレジアも同じような暗闇を経験したことがあった。彼女が小心の試練にあっていたとき、聖母マリアが小さいときの自分を癒やしてくださったことや、自分がマリアを見たと言ったことが疑わしくなり、嘘をついたのではないかと考えてしまったほどであった。しかしベルナデッタにはそこまでのことはなかった。深い確信は動かなかったのである。ベルナデッタはいまさら過去を思い出して復元するよりも、今の毎日のこと、神が自分のうちに働きかける現実に心を向けるべきだ、ということがわかっていた。これは「あなたをこの世ではなく、別の世において幸せにする」と言われた厳しい言葉に合っていたのである。

「ベルナデッタはもう過去に戻ることはできない。私たちもそのときのベルナデッタのことを、ただ影のようにしか見ることができない。警察署長、検事、判事、信じないという神父たちの前にいたベルナデッタの確信とその力は、どこかに消えてしまった。思うとおりにそのときの気力を使うことが、もはやできなくなったのである。

苦しみの暗夜

しかし、ご出現の具体的なことを思い浮かべられないのは、ベルナデッタの試練の小さな現象の一つにすぎなかった。彼女にとっては、かえって苦しみと信仰の暗夜のほうが大きかった。何年か前に、パリの大司教であったブイヨー枢機卿は最期ほとんど口がきけなくなり、耐えられないほどの苦しみを体験した。そのとき、残っていた力をふりしぼって次の不思議な言葉をのこした。「司祭は軽々しく苦しみについて話をしないようにと言いなさい。彼らは苦しみがなんであるかを体験していないのだから」と言ったのである。

本当に体の苦しみは、だれもわからない暗夜である。だれも苦しみについて客観的に明瞭に話すことはできない。だれも苦しみを克服することはできない。ベルナデッタは学者、知者よりも謙虚に苦しみを受け入れることができた。幼いころから、彼女は臨終のときにも似た喘息の発作を通して、この暗夜のトンネルを経験していた。

しかし、ある発作のときに、ベルナデッタは友だちのジュリー・ガロスに言っていた。

「なかなか思うとおりに息ができないのは、とても苦しいですが、でも、心の中の苦しみの拷問のほうがもっと苦しいこと、恐ろしいことです」と。

これは一八七五年七月と十月の間のことである。ベルナデッタの地上での最後の年に、この心の中の深い浄化の現象が行われたことを裏付ける、初めての言葉であろう。

希望の暗夜

ベルナデッタは、自分の心の中の希望まで攻撃する誘惑と、肉体的な苦しみとの間の大きな相違を正しく評価することができた。彼女は暗闇に現れる「いざなう者」の姿を感じたのである。ベルナデッタの言うことは、アルスの聖マリア・ビアンネや文学者のベルナノスの言うことと同じである。ベルナデッタが亡くなるまであと数カ月しかないとき、シスター・トリオールは、ベルナデッタが強い声で悪霊に向かって言葉を投げつけるのを聞いたことがある。「退け!」。この暗夜の中のベルナデッタの言葉ははっきりしていた。

一八七七年の十月、ベルナデッタはペラマール神父の死を知った。「もうすぐ私の番も来ます。でも、その前に別の意味で、先に死ななければいけないことがあるのです」と言った。シスター・マルト・デュレーが同じ意味の証言をした。あるとき、ベルナデッタが涙をいっぱい流しているところを見て「あなたはどうして泣いているのですか。具合が悪いのですか？」と聞くと、「いいえ、違います。私の心の中に起こっていることを知っているなら……どうぞ、お祈りください」と答えた。

このベルナデッタの試練のことを、早くから人は知っていた。彼女が亡くなった翌日、サンペ神父はこのことを伝えている。サンペ神父から直接聞いたジャン・バプティスト・エストラード氏は、一八九八年、自分が立ち会った出現についての小さい本を出した。その本には次のように書かれている。「ベルナデッタは死を間近にして、肉体的な苦しみよりも、千倍以上もの恐ろしい内的な恐怖に襲われた」と。

そして最後までベルナデッタの聴罪司祭であったフェーブル神父は、この苦しみの一番のポイントを明らかに述べている。「ベルナデッタは、自分に与えられたお恵みがあまりにも多かったのに、自分が神さまに十分お返ししていないことをとても気にしていた」と。

信仰の暗夜

それほど目立たないいくつかのしるしからも、ベルナデッタの試練には、もっと根底的な暗夜があったことがわかる。ベルナデッタは、リジューの聖テレジアのように、信仰の暗夜を体験していた。彼女はもはや、神の恵み、その光を味わうこともできなかったが、疑惑と内的誘惑を受けながらも、隠れて黙しておられる神の言葉に、ひたすら忠実に生きていた。この点についてもまた、私たちは背後からしか見ることはできないが、外面的に打ち砕かれたかのように見えるこの状態の中で、ベルナデッタは常に生き生きと自由を生きていたと言うことができよう。

ベルナデッタの受難

ベルナデッタの一生が苦しみの中に始まったのと同じく、その終わりもまた受難の苦しみの中に迎えることになった。幼いときからベルナデッタは、飢え、貧しさ、病気を経験し、今は病気、無力さ、肉体の苦しみ、心の苦しみを体験している。ベルナデッタの場合、受難という言葉は、真実にその語源的な意味において理解することができる。彼女の聴罪司祭は証言している。

「ベルナデッタには多くの受動的な徳があった。彼女の一生は、神の働きによって聖化された十字架をもってかたちづくられた償いの生涯であった」と。この聴罪司祭はまた、ベルナデッタのうちにおける神の神秘的な働きに言及して「彼女は自ら働いたというよりも、神によって動かされたのである」と言っている。

「壊れた器のように」

ベルナデッタ自身が、この受難という言葉を使っている。彼女は積極的に、意識して、自分の力のすべてをあげて十字架上のイエスに同化することを望み、受難を引き受けた。こうして徐々にキリストのうちに自分を見るようになっていった。一八七七年にベルナデッタは「私の主イエスは、壊れた器のように扱われたのです」と言っている。

17　最後の数カ月

――一八七八年十二月～一八七九年四月

一八七八年十二月十一日から、ベルナデッタは寝込んでしまい、やっとベッドから長椅子まで往き来するだけになってしまった。

あらゆる苦しみの「問屋」

この最後の数カ月間、しばしばベルナデッタを見舞ったフェーブル神父は、病気のことを次のように述べている。

「慢性の喘息、胸の苦しみ、二年間にわたる何度もの喀血、大動脈の動脈瘤、腹痛、ひざのカリエス、そして最後の二年間は全身のカリエス、その結果ベルナデッタのあわれな体は、全く苦しみの問屋になってしまった。耳の中が化膿してしまって、耳はかなり聞こえなくなり、これも非常に苦しいことであったが、死の少し前にこの疾患だけは治った。一八七八年九月二十二日に立てられた永久誓願の後、苦しみはさらに激しくなり、それは死と共にしか去っていかなかった」

　ベルナデッタのただ一つの望みは(できるだけ人に隠していたが)、キリストのみ心にささげられたいけにえになることであった。長上たちは、ベルナデッタの激しい苦しみの一つを明らかにした。

「ベルナデッタはひざが痛み、そこが膿んでしまっていました。腫れは次第に大きくなって、足が短く見えるほどでした。そのため彼女を動かすのがたいへん苦痛だったのです。時として、足のあまり痛くない場所を見つけるために、一時間もかかったことがあります。そのときのベルナデッタの顔は、すっかり変わってしまって、まるで死んだような状態でした。今までなら、苦しみに対して非常に強いベルナデッタが、あまりの苦しみのために負けてしまうのでした。眠っているときでも、足が少し動いただけで、叫び声を上げ、この高い声が一緒に寝ていた修友の睡眠をじゃまするほどでした」

　ベルナデッタは幾晩も眠れないままであった。この苦しみのため、彼女の体は小さくなり、体重もかなり減ってしまった。

恐ろしい敵がいる

主治医のロベール・サンシール先生は、前年からよくなったり悪くなったりするベルナデッタの健康状態がわからなくなっていた。

かつて自分が高く評価した看護師のことでもあり、少しでも楽にしてやりたいと思っていたが、どうにもならないので困り果てていた。しかも自分が何もできないために、彼はベルナデッタをとてもわがままな病人だと思い込んでしまった。彼は正しい診断をすることができないので、「あなたには、恐ろしい敵がいる」というような妙な言葉を言い出すこともあった。

それでもベルナデッタは言っていた。「そうおっしゃって先生は、さっさと帰っておしまいになりました。本当は何もわからないのではないかと思うくらいです」

そして一八七九年の初めには、とうとう「もう先生にはお会いしたくありません。二度と来ていただきたくありません」と言うようになった。

「かかとと鼻先」

ベルナデッタは我慢するのが精一杯なので、無益な苦しみは避けようとしていた。彼女は人間にとって大切なことは、自分自身に対して真実であること、自分をあわれみ、愛することだということもわかっていた。力以上のことをしようと思わず、あるがままの姿で謙虚に生きた。

一八七九年の一月に来たある訪問者は、たくさんのすすめを聞かせ、いろいろな意向のための祈りを頼んだ。シスター・ヴィクトワール・カスウは述べている。

「この訪問者がいる間、ベルナデッタは、いやな顔一つ見せませんでした。そのとき、本当は苦しかったはずなのに、ベルナデッタはかえって優しい笑顔を見せていました。でも、この訪問者のシスターが帰った後、ずっと我慢していたことが抑えきれなくなって『私は、彼女の鼻先よりも、かかとを見ているほうがよかったわ』と言いました。そして『苦しいときは、一人でいたい』とも言っていました。私は彼女に『それなら、私が部屋を出たときも同じことを言うのでしょう?』と聞き返すと、『いいえ、違います。あなたのことは違います』と言いました」

一八七九年一月五日の手紙の中で、ベルナデッタは親戚を安心させようとして、次のように書いた。「少しはよくなりました。暖かくなったので、幾分元気が出てきましたし、喘息の発作も少なくなりました」

そこでは、ひざの痛み、胃腸のことには何も触れていない。人々はベルナデッタのために、九日間の祈りをしている。また希望が出てきた。「もし私が治るなら、感謝の祈りをするため、皆さんに洞窟まで行っていただきたいのです」と彼女は頼んでいる。

長い長い夜

一八七九年の二月から、ベルナデッタは毎晩、聖十字架病室で看病されていた。右足はベッドから出して椅子に置いている。毎晩苦しく、絶えずうなっていたが、そのとき、一晩看病したシスター・ミシェルは証言している。

「一晩中、押し殺すようなうめき声を立てていました。時々黙っていることもありましたが、私がそばにいるので、自分を抑えているんだなあと感じました。私が目を覚ましていることに、ちゃんと気がついているのです。私が『シスター、何かしてほしいことはありませんか。何かできることがあればしますよ』と聞くと、彼女は『何もありません。おやすみなさい。おやすみなさい。必要なら呼びますから』と言いました。私は眠っていると思わせるために、なるべく動かないようにしていたのですが、彼女はだまされませんでした。私が祈りに参加するため部屋を出ようとしたとき、彼女は『眠らなかったのね』と言うのでした。看護師が私のところへ来て、私にはもう看病させないと言うのです。ベルナデッタ自身が看護師に『あの方に看病に来てほしくない。眠れるシスターに来てほしい』と言ったというのです」

ベルナデッタは、心には内的な自由を保っていた。彼女はまだ、欲しいとか欲しくないと言えた。そして人を従わせるほどの権威をもって、この心の中の自由を他人のために使っている。訴えの言葉を抑えられないベルナデッタは「訴えばかり聞かせてごめんなさいね」と言ったり、また「私のわがままを気にしないでね」と言っていた。

存在の証し

どこにいても、ベルナデッタは証しをしている。ベルナデッタに接すると、落胆ではなく励みになる。三月二十日、新しい志願者が彼女に紹介された。ベルナデッタにとって、この頃、人に会うことは耐えられないほどの苦しみであった。しかしそれでも「あまりに苦しくて、あなたにキスすることができないけれども、あなたのために祈りますよ」と言った。また人が持ってきてくれるおいしいスープにも感謝することを忘れず、自分がいつも大切にされていることを心から認めてお礼を言った。「私は、お姫さまよりも大切に扱われているんですね」と。

三月十九日聖ヨセフの祝日の日、彼女は聖ヨセフに、よい死の恵みを願ったことをフェーブル神父に打ち明けた。しかし九日間の祈りを勧められると「治ることを願うのですか？いいえ！」と言った。しかし聴罪司祭の励ましの言葉がその心を力づけ、再び希望を与えた。そして「おっしゃる通りです。そのことを考えるだけでも私は強くなります」と言い、他のときには「終わりの時が来るのは、なんと長いのでしょう！」とも言った。

塗油の秘跡――一八七九年三月二十八日

三月二十八日、(少なくとも一八六八年から数えて四回目であったが)病者の塗油を勧められると、ベルナデッタは「でも、この秘跡を受ける度に、私は治りました」と言って、かえって受けたくないような口ぶりであった。最後の聖体を受けて、フェーブル神父の説教と塗油の秘跡の後で、ベルナデッタは言った。

「総長さま、修道生活を通して、私がたくさんの不忠実さによってお心を悲しませたことをお詫び致します。そして特に、私の傲慢によってですが、いろいろなことにおいて、同僚の皆様の悪いお手本になったことに対してゆるしをお願い致します」

確信に満ちたベルナデッタの声は、すべての人の心をとらえた。フェーブル神父は「その声は、どうしても自分の言葉を聞かせたい説教師の声のように響いた」と言っている。それは総秘書が「そんなに具合が悪くないのでしょう」と言うほどであった。人々は彼女が天国に行ったときの伝言を頼んだ。彼女は「はい、私はだれのことも忘れません」と答えていた。

三月二十九日、ある司祭が、リヨンの有名な芸術家アルマン・カイヤが制作したルルドの聖母の御像の写真を持ってきた。それを見て、ベルナデッタは寛大に、今までのものの中ではこれはいいほうだと言った。それでも、後で付け加えずにはいられなかった。「どうしてマリアさまをこのように見せるのでしょうね。私はいつも、このように頭を後ろに傾けておられなかったと言っていたはずなのに。マリアさまは、このようには天国を眺めておられませんでした」

石と卵

三月の末、シスター・フィロメーヌ・ロックは夜の看病をする許可をもらった。ベルナデッタは、苦しい夢を見ているようである。シスター・フィロメーヌがやって来て、「シスター、どうなさったの？　苦しいですか？」と聞くと「ああ、私は向こうにいました。男の子が一人、川の中に石を投げていました」と言った。多分、死の近づいた病人の夢には、ご出現のときのジャン・アヴァディーの石投げの光景が浮かんでいたのであろう。そのとき看病した看護師の話では、「かわいそうに、そのとき体全体が傷だらけになって膿んでいました。皮膚がなくなっているところもありました」ということであった。

復活祭が近づくと、ベルナデッタは少しよくなって、卵に絵を描く手伝いをしたこともある。彼女はいつも、訪問客を笑わせる言葉だと知っていて、来る人ごとにこう言っていた。

「人間にはもう心がないでしょ。だから私は卵に心を描いているのよ」

ある日、一人のシスターがベルナデッタの髪を切った。以前から宣教地のために定期的にベルナデッタの髪を切っていたが、これが最後の機会となった。彼女の髪は奴隷を救うためのお金になったのである。ある朝、ベルナデッタは洗面のためにナイトキャップをとったが、彼女の頭がすっかり剃られているのをシスター・マリー・ゲールは見た。ベルナデッタは「これは黒人の女の子を助けるためよ」と言った。ベルナデッタは何かを与えるとき、一つだけではなく、すべてを喜んで与え尽くしたのである。

聖週間

聖週間の間（一八七九年四月六日〜十三日）に、ベルナデッタの体の傷はますますひどくなった。痛みを和らげるために、ベルナデッタは何か薬をと頼んだ。「薬局に私の腰を少し楽にする薬はないのですか。傷だらけなのです」と、「少し力になる薬を見つけてくだされば……。あまりにも弱っていて息ができないほどなんです。私が力を感じることができるように、強い酢を少しください」と言っていた。完全な離脱のときでもある。ベッドのカーテンにつけていた御絵を、ベルナデッタは全部取ってしまった。そして十字架を見せながら、彼女は「この方だけで十分です」と言った。

四月七日、月曜日、ベルナデッタは、歴史を書こうとする人の調査と争いのことが心に浮かんできた。それで残っている力をふりしぼって、修道会の総秘書メール・エレオノール・カサーニュに「私は争いをしてほしくないのです。親戚にはこれと関係しないように伝えてください」と、かえすがえす頼み、そしてこう付け加えた。「私はありのままのことを言いました。私が最初に述べたことを参考にしてくだされぱよいのです。後で忘れた可能性もあるし、他の人も忘れたかもしれません。書くときは、簡潔なほどよいと思います。私は受難のことを説明されるよりも、読むときのほうが心を打たれます」と。

18　ベルナデッタの過越《すぎこし》

――一八七九年四月十三日〜十六日

四月十三日は復活の主日であった。ベルナデッタは、絶えず咳をしていた。彼女はシスター・サンシール・ジョレに言った。

「今朝、聖体拝領の後で、私は主イエスに、イエスと少しでもゆっくりお話ししたいので、五分間の休みをくださるようにお願いしましたが、イエスはその五分間をくださいませんでした。私の受難は死ぬまで続くのです」

「ベルナール、さようなら」

復活の月曜日、シスター・ベルナール・ダリアスが見舞いに来た。彼女は言った。

「ベッドからカーテンが取られました。病人は顔を壁に向けて動きません。私は少しの間、ベッドの足もとのほうへ行って、もう一度その顔を見ようとしました。そのとき彼女は、時々見せていた子どもっぽい、いたずらな顔をし、片目を開けて私を見ると、そばに来るようにと合図しました。やせたその手が、私の手に触れました。そして言うのです。『ベルナール、さようなら、今度こそ、もう終わりですよ』。私は尊敬の思いを込めて、その小さい手を私の唇にあててキスしようとしましたが、彼女はその手を速やかにふとんの中に入れてしまったのです」

ベルナール・ダリアスは、かつて初めてベルナデッタを見たとき「なんだ、これがベルナデッタか？」と、言った人物である。先の言葉に続けて、このシスターは言った。

「初めてベルナデッタに会ったとき、彼女は笑顔でこの手を差し伸べてくれました。今日はその手を隠すのです。私に対する優しい友情の十二年間が、この二つの握手の間にあります。ベルナデッタは、そこに他の人もいたことに気づいていなかったので、私は個人的に『さようなら』と言っていただくことができたのでしょう」

「一粒の麦のように」

同じ復活の月曜日、ベルナデッタはまだがんばろうとしていた。修道院の薬剤師のシスター・セシルに「私の心臓を少し強くして息ができるようにする薬はないの？」と言ったり、またその後すぐ「私を楽にするものはないのね。神父さまもおっしゃったわ。私が地上にいる間に、神さまは私にたくさんの功徳を積ませたいんですって。だからあきらめなければならないのね」と言ったりした。

顔がとても苦しそうで、だんだんと動きも鈍くなってきた。砕かれたベルナデッタの体の中から、幼いころの思い出が浮かび上がってきた。彼女はシスター・レオンティーヌに言った。「私は一粒の麦のように挽き砕かれているのですね。それにしても、死ぬためにこれほど苦しむ必要があるとは思いませんでした」

闘い

月曜日から火曜日にかけての夜、ベルナデッタは霊的な苦しみに入った。聴罪司祭は、何回かその口から出る「サタンよ、退け」という言葉を聞いた。フェーブル神父はのちに証言した。「火曜日の朝、彼女は、悪魔が自分を怖がらせようとしたが、イエスのみ名を唱えて祈ったら、すべてが消え失せた、と私に言っていた」

聴罪司祭はさらに言う。「同じ日に、彼女は聖体拝領をすることができた。しかし、午前中、窒息するような激しい発作が起きた。そのとき彼女は私を呼んで、もう一度、ゆるしの秘跡を受けた。そしてその後で、私は臨終のときの全免償を与えた。私が、愛をもって自分の命を犠牲として捧げるように勧めると、彼女は私を驚かせるほど反発して言った。『犠牲？　どんな犠牲？　神のものであるために、こんなに困難を感じるこの哀れな命を棄てることは、犠牲ではありません』と」

人が勧める射禱を唱えるのに、ベルナデッタは苦労していた。まことに『キリストにならう』の著者は正しいことを言っている。つまり、神に仕えるために、最後まで待たないように。最期の時には、人はたいしたことをすることができないからである。

「最後まで感謝する」

夜七時になった。シスター・ナタリーが看病に来てくれた。このシスターは、以前、ろうあの子どもの教育をした経験があるので、人の心をすぐ見抜き、共感することができる稀に見るたまものをもっており、人に好かれる人柄であった。ベルナデッタは彼女に言った。「シスター、私は怖いのです。あんなにお恵みをたくさんいただいたのに、あまりにもそれを実らせなかったから」。シスター・ナタリーは「主イエスのみ心の功徳をお捧げしましょうね」と言って彼女を励ました。そしてシスター・ナタリーはベルナデッタに「最後まで聖母マリアに感謝できるようにお手伝いしましょう」と約束した。

またシスター・ナタリーは小さい声で、いくつかの言葉を聞かせた。シスターは、その内容を語っていないが、ベルナデッタの返事だけを述べている。「ああ、感謝します」と。

これがベルナデッタにとって、この地上における最後の晩であった。

最後の夜

十五日の夜から十六日まで、ベルナデッタを看病したのは、修練者の一人シスター・アルフォンスであった。このシスターの証言は、次のようなものであった。

「私は、夕の祈りが終わってから、九時ごろ病室に上がりました。病人は私に小さな声で応えてくれました。あまりにも疲れているように見えたので、私の前に看病した人と違って寝ないほうがいいと思ったのです。私はベッドの頭のそばに腰かけて、いつでも病人の願いに応えられるような態勢をとっていました。時々、彼女の訴えの言葉が聞こえて、びっくりしました。彼女はしばしば私に、体を動かせるように手伝ってくださいと頼みました。少しでも苦しみを和らげるために、自分の傷だらけのあわれな体を、そのまま横たえていたからです。そこで、痛くないように体を動かすのはたいへん難しかったので、できるだけ力を合わせて致しました。私は特にひざに腫れ物のある足（彼女のひざは、カリエスのために恐ろしいほど腫れていました）をとり、病人が自分の体を動かしているとき、ひざの関節が動かないよう気をつけて手伝っていたのです。この長い長い夜の間中、彼女はよく忍耐し、一言も不忍耐や不満をもらしませんでした」

朝になって、メール・マリー・ルイーズ・ブルジョワが見舞いに来た。いつも訪問客に気を配るベルナデッタは、そのシスターの修道院にいるもう一人のシスターのために、記念の御絵をあげることを思いついた。十一時半になると「起こしてください」と頼み、ベッドから起こされて椅子に座らされた。そのとき、鐘の音に気づいた彼女は、昼食の時間が知らされていることを思い出し、そばにいたシスターに「食事を遅らせていてごめんなさい」と言った。

十字架

ベルナデッタは、自分の座っている椅子の前に掛けてある十字架を眺めていた。十二時と一時の間に少し食べさせようとしたが、入らなかった。メール・ジョゼフィーヌ・フォレスティエは言った。

「あまりにもひどい衰弱状態に驚いてしまいました。それで看護師を呼んで、共同体のシスター全部に知らせるように言いました。フェーブル神父が来て、再び告解を聴いて、彼女と一緒に臨終のときの祈りを唱え始めました。ベルナデッタは、小さい声ではありましたが、はっきりとみんなに合わせて一緒に唱えていました。彼女の目は壁に掛けてある十字架にじっと注がれていました。聴罪司祭の話では、少し落ち着いているときに、雅歌に出ている天配の言葉を借りて励ましたのだそうです。『あなたの心に、私を印章として刻みつけなさい』(雅歌8・6参照)と。そのとき彼女は自分の十字架を手にとり、これを固く握って胸に置きました。彼女の望みはこの十字架が、そのまま動かないようにしてもらうことでしたので、ひもを持って来て、これを結びつけました。苦しみのあまり彼女が動いても落ちないようにするためでした」

このしるしによってベルナデッタは、十字架に釘づけられたイエスに結ばれていることを示したのである。一時半と二時の間に、メール・エレオノール・カサーニュが言葉をかけた。

「シスター、あなたは十字架上にいますよ」

ベルナデッタは両手を十字架のほうへ向けて、

「私のイエスよ、あなたを深く愛しています」と言った。

二時十五分に友だちの一人が、「シスター、とても苦しいですね」と声をかけた。ベルナデッタは「すべては天国のためによいことです」と答えた。このシスターが「あなたを慰めてくださるように無原罪の聖母にお願いします」と言うと、病人はすぐに「いいえ、慰めではなく、ただ力と忍耐を願ってください」と言った。

そのとき、ベルナデッタは、臨終のときのためにピオ九世からいただいた祝福のことを思い出した。是非、あの祝福の言葉が書いてある紙を持って来てください。祝福を完全にいただくために、それを手に持っていたいからと頼んだ。しかし紙を持つ必要はない。ただイエスのみ名を唱えながら意向を合わせればよい、と言われた。

そのとき、彼女は少し起き上がろうとして椅子に右手をかけ、目を天のほうに上げた。その目は何かをとらえるような眼差《まなざ》しで、しばらくの間動かずにじっとどこかを見つめていた。顔の表情は平和と静けさそのものであったが、同時に一種の深い悲しみも表していた。やがて言い表せないような口ぶりで、苦しみよりも驚きを表すかのように、だんだんと声を高めながら「おお、おお、おお」と三度繰り返しながら、体全体を震わせた。二時三十分であった。

三時五分前に、共同体が毎日聖堂で唱えている連禱の祈りのために、鐘が鳴った。ベルナデッタは「少し静かに休ませてください」と頼んだ。聴罪司祭が離れ、続いてシスターたちも部屋を出ていった。一人が、臨終の苦しみにあるベルナデッタに、信頼を示唆するかのように言った。

「聖母マリアがお迎えに来てくださるわね」

ベルナデッタは
「はい、そうです。私はそれを希望しています」

と答えた。

三時ごろになると、病人は激しい内的な苦しみに襲われたようである。ヌヴェールの司教が一八七七年にローマから持ってきた十字架を手に取り、愛を込めてしばらく眺めてから、ゆっくりとキリストの御像の傷に、一つひとつ唇をあてて接吻した。

ちょうどそのとき、部屋に入ったシスター・ナタリーは、心を奪われたかのようにじっと十字架を見つめるベルナデッタの姿を見た。突然ベルナデッタは顔を上げ、言葉では言い表せないような眼差しをして言った。「シスター、おゆるしください。私のために祈ってください。どうぞ、私のために祈ってください」と言った。そこでシスター・ナタリーと二人の看護師は、ひざまずいて祈り始めた。病人は、彼女たちの祈りに一致して、小さな声でそれを繰り返していた。

その後しばらく沈黙のうちに潜心していた。頭は左側にいる看護師のほうに少し傾いていた。それから苦しみと全き委託の表情をもって天に目を上げ、腕を十字架の形に組み合わせ、突然「神さま！」と大きな叫びを上げた。

まだひざまずいて祈っていた三人のシスターは驚いたが、ベルナデッタは再び彼女たちの祈りに自分の祈りを合わせていた。「神の母聖マリア……」そこでまた元気を出して、二度これを繰り返した。

「神の母聖マリア、あわれな罪びとである私のために祈ってください」

ベルナデッタは、シスター・ナタリーをじっと見つめながら、彼女のほうに手を伸ばした。ろうあ教育を経験したこのシスターは、言葉がなくてもわかるのである。それで、表情だけでベルナデッタに聞いてみた。「あなたは私に何を望んでいるのですか？」。言葉はなかったが、病人にはすぐわかった。そして大きな声で言った。「あなたは私を手伝ってくださるわね」と。シスター・ナタリーは、前日ベルナデッタに約束したことを思い出した。「最後まで聖母マリアに感謝できるようにお手伝いしましょう」と。

少し経って病人は「水が飲みたい」と合図した。十字架のしるしをしてから、ベルナデッタは差し出された強壮剤入りの飲み物が入ったコップを手にとり、二度にわたって少量飲むと、頭を垂れて、静かにその魂を神のみ手にゆだねた。

そのとき、看護師のシスター・ガブリエル・ド・ヴィグルスが入ってきた。「私がちょうど病室に入っていったとき、彼女は息を引き取るところでした。それはとても静かな臨終で、彼女は私の腕に寄りかかり、自分の胸にある十字架を手でもっていました。私の記憶に間違いがなければ、この十字架はひもで結ばれていました。ベルナデッタは右のほうへ身を傾けて、目を閉じていました。しかし私が右の目を閉じようとしたとき、なかなか閉じたままにならないので、苦労したことを覚えています」

ルルドの出来事についての本を書いたラセール氏は、ベルナデッタの遺体を見た。彼は「ベルナデッタはとても美しかった」と言っている。

一八七九年四月十六日　ベルナデッタ帰天

ベルナデッタはこの椅子の上で亡くなった

ヌヴェール愛徳修道会について

「神は愛である」

ベルナデッタは、神の呼びかけに応えヌヴェール愛徳修道会に入会するために、一八六六年七月七日、フランス中部、ヌヴェール市サン・ジルダールにある同修道会本部修道院の門をくぐりました。そしてそのとき、彼女の眼差しは、真正面の切妻壁に修道会の紋章とともに大きく刻まれている「神は愛である」という言葉に釘づけになりました。ルルドにおける聖母マリアのご出現をとおして彼女の心にしっかりと刻印された父なる神の愛の体験は、この言葉を標語として生きるヌヴェール愛徳修道会の霊性の中でさらに深められていきました。

ヌヴェール愛徳修道会は、一六八〇年に、ヌヴェール市近郊のサン・ソージュという小さな村において、ベネディクト会司祭、ヨハネ・バプティスト・ドゥラヴェンヌ師によって創立されました。ドゥラヴェンヌ師は、パリで司祭になるための勉学を終え、叙階されて、一六七六年に生まれ故郷のサン・ソージュ村に帰って来ました。パリで、ルイ十四世王朝時代の華やかな芸術、文学に心をとらえられていた彼は、サン・ソージュの小さな教会の司祭を務めながら、優雅な生活を好み、安易な生活に流れ、その地方の貴族や権力者との交流に時を過ごすようになりました。そのため、重税に苦しみ、その上戦争のために軍隊の通り道となって荒廃しきっていた農村の人々のみじめな生活は、決して彼の目には留まりませんでした。

そのようなある日、彼を訪れた近隣の司祭が彼の生き方を見て、「聖ベネディクトは、スビヤコでこんなに快適な生活をしていなかったでしょうね」と言いました。その一言は、全存在をくつがえすような徹底的な回心へと彼を導きました。彼は直ちに、自分が修道召命の第一歩を歩み始めたオータン大修道院に戻り、熱い祈りと苦行の時を過ごした後、「新しい人」に生まれ変わって、サン・ソージュの村に帰って来ました。そのとき彼の目に映ったのは、今まで全く無関心であった村人たちの生活、貧困の中に置き去りにされ病気になっても治療を受けられない人々、読み書きを知らない子どもたちのみじめな姿でした。彼は、非人間的な生活条件を強いられているこの人々の姿に大きく心を揺さぶられ、村の中を歩き回って彼らを助け、そのみじめさと戦うために全力を尽くしました。このように、村人の身近に生きるようになった彼は、すべてを剥奪されている人々に対して、限りなく優しい愛を抱くようになりました。
心の底、腹の底まで引き裂かれるようなこれらの出会いをとおして、彼はこの人々に対する御父のみ心の観想へと導かれていきました。彼は、教会の小さな屋根裏部屋で夜を徹してみことばを味わい、神の愛の僕《しもべ》であるキリストを見つめながら、人間を抑圧するものに心傷つき、人間に命を回復させるために情熱を傾けてくださる御父のみ心の愛を深く味わい、体験する恵みを受けました。

「神は、わたしたちの父であり、わたしたちに対して限りなく慈しみ深い方です」
御父のみ心の愛の啓示を受け、彼はこの神の愛を人々に伝える緊急の必要性を感じ、サン・ソージュの若い娘たちに「神の愛の偉大な証し」であるキリストのみ跡に従って、貧しい人々と連帯してともに生きることを約束する生活を提案しました。

このようにして、一六八〇年ドゥラヴェンヌ師はわたしたちの修道会を創立しました。創立者は誕生しつつある修道会に、自分が受けた御父のみ心の愛の啓示を観想し、生きてほしいという熱い願いを込めて、次のように言っています。

「愛以外のいかなることにも、決してかかわってはなりません。不幸な人々以外のことに、決して関心をもってはなりません」

創立者は、人々の叫びを注意深く聞き、御父のみ心の情熱、十字架の死にいたるまでご自身を与え尽くされた御子の罪と死に打ち勝つ復活の息吹に耳を傾けることができるように、「聖霊に、霊的で内的な心の耳を与えてくださるように願いなさい」と勧めています。それによって、わたしたちは、ただ単に使徒職の場へ「霊を携えて行く」だけではなく、そこで貧しい人々から「霊を受ける」ことができるのです。

「貧しい人々を助けるために、ただあなたたちの手を開くだけではなく、さらに心の底、腹の底まで開きなさい」
「あなたたちは、貧しい人々に奉仕するためにのみ、ひとつに結ばれているのです。あなたたちの確かなよりどころ、それは愛だけです」(一七七七年の会則)

修道会は、一七八九年に起こったフランス革命の激動に満ちた時代を通り過ぎ、一八六六年にベルナデッタ・スビルーを迎えました。貧困のゆえに、幼いときから軽蔑、拒否、最も基本的な人権の剝奪、明日に対する不確実さと恐れ……を体験したベルナデッタは、自分の存在そのもののうちにその痛みをもち、貧しい人々、疎外されている人々と深く連帯して生きていました。

ヌヴェールにおけるその目立たない隠れた生活は、ただ一つの望みに貫かれていました。

「一瞬たりとも、愛さずに生きることはできません」

ベルナデッタは修道会の中で創立者の精神を徹底的に生きながら、この熱い望みをもって御父のみ旨を全うするために、ご自分の命を与え尽くすまで人間を愛してくださった僕、イエスと同じ姿に変えられていくことを学びました。

「『御父の慈しみ、神の愛を世にあらわす』という修道会の唯一の使命を果たすために、わたしたちは、貧困と疎外を刻印されている世界の種々の地域、歴史のさまざまな場に派遣される」（会則　一項）

二十世紀初頭から、修道会は世界のあちこちに派遣されるようになりました。今日、ヨーロッパでは、フランス以外に、イタリア、スペイン、英国、アイルランド、スイスに、アフリカでは、コートジボワール、ギニアにわたしたちの共同体があります。中南米大陸には、グアダルペ、チリ、ボリビアで、シスターたちは貧しい人々とともに生活しています。アジアでは、韓国に創立することを視野に入れてすでに国際的な共同体が設立されています。タイでは、最も貧しい東北地方で、農村の人々の生活の向上、女性の自立、子どもたちの教育を受ける権利を擁護するために、日本人のシスターたちが現地人スタッフとともに働いています。

日本における宣教活動は、一九二一年に本部修道院から派遣された七名のシスターたちによって、大阪の聖母女学院における教育関係の仕事をもって始められました。今日、わたしたちはその他に、医療・福祉の分野でも働いています。病院における看護師としての奉仕、ホームヘルパーとして孤独な独居老人の訪問やお世話、学童保育、ＨＩＶ感染者や滞日外国人労働者、野宿者とのかかわり等々、日本社会のひずみの中で懸命に生きる人々と連帯して生きています。

このようにわたしたちは、いかなる年齢、いかなる健康状態にあっても、自分に与えられた場で、「全キリストの全き完成が実現されるのを見たい」という熱い待望のうちに祈り、わたしたちの存在を貫く創立者の霊の息吹に自分自身を委ねながら、現代世界に絶え間なく起こってくる新しい呼びかけに注意深く耳を傾け、それに応えるよう取り組んでいます。わたしたちの霊的体験のすぐれた証人である姉妹ベルナデッタとともに。

二〇〇四年二月十一日　ルルドの聖母の記念日に

ヌヴェール愛徳修道会会員　安藤敬子

ヌヴェール愛徳修道会　本部修道院
〒612-0848　京都市伏見区深草田谷町3

口絵写真提供：学校法人聖母女学院　聖母教育文化センター

ベルナデッタ

1979年 4 月16日　初版発行
2004年 4 月 1 日　改訂版発行
2018年12月25日　改訂新装版第1刷発行

著　者　ルネ・ローランタン
訳　者（初版）　E・ミルサン、五十嵐茂雄
改　訳　ドン・ボスコ社編集部
発行者　関谷義樹
発行所　ドン・ボスコ社
〒160-0004　東京都新宿区四谷1-9-7
TEL03-3351-7041　FAX03-3351-5430

印刷所　三美印刷株式会社

乱丁・落丁はお取り替えいたします。
ISBN978-4-88626-643-9　C0023